*J. Oswald Sanders*

# DAS ALTER — DIE BESTEN JAHRE

*J. OSWALD SANDERS*

# Das Alter — die besten Jahre

## Alt werden und doch jung bleiben

REIHE APOSTROPH
VERLAG DER LIEBENZELLER MISSION
BAD LIEBENZELL

APOSTROPH
DIE REIHE, DIE ZEICHEN SETZT

Innerhalb dieser Reihe erscheinen Bücher
zu folgenden Themengruppen:
Romane und Erzählungen,
Biographien und Lebensbilder,
Lebensfragen,
Mission und Weltverantwortung,
Ehe und Familie.

CIP-Titelaufnahme der Deutschen Bibliothek

**Sanders, John Oswald:**
Das Alter – die besten Jahre: alt werden u. doch jung bleiben / J. Oswald Sanders. –
Bad Liebenzell : Verl. d. Liebenzeller Mission, 1987.
(Reihe Apostroph)
ISBN 3-88002-321-2

2. Auflage 1990

Die amerikanische Originalausgabe erschien unter dem Titel
»Your best years« bei Moody Press, Chicago/IL.

Aus dem Amerikanischen von Dr. Klaus Fiedler

Umschlaggestaltung: A. Müllenborn, Kommunikations-Design, Wuppertal
Satz: Druckhaus Gummersbach, Gummersbach 21
Herstellung: St.-Johannis-Druckerei, Lahr-Dinglingen
Printed in W.-Germany 26586/1990

INHALT

# VORWORT

Als mir vorgeschlagen wurde, ein Buch übers Älterwerden und Altsein zu schreiben, war ich zuerst gar nicht begeistert von der Idee. Aber als ich dann den Gedanken weiter bewegte, wurde mir klar, daß die Erfahrungen des Älterwerdens, die ich selbst und andere gemacht haben, es wert sind, weitergegeben zu werden. Und da ich fast achtzig bin, kann ich wirklich mitfühlen mit meinen Altersgenossen.

In meiner Familie und im Dienst der Missionsleitung habe ich viel mit alternden Menschen zu tun gehabt. Eine Anzahl von Jahren lebten unsere alten Eltern bei uns. 80jährig wurde mein Vater von einer Straßenbahn angefahren und lag zwei Jahre im Koma in unserem Haus. Nach einer längeren Zeit der Krankheit starb meine erste Frau an Krebs. Später heiratete ich dann wieder. Meine zweite Frau bekam Multiple Sklerose und war zwei Jahre krank, bis sie heimgerufen wurde.

Als Direktor einer großen und alten Missionsgesellschaft hatte ich natürlich viel mit den Problemen von Missionaren im Ruhestand zu tun. Die über 50 Jahre meines Verkündigungsdienstes haben mir viele Einblicke in die Freuden und Beschwerden des Alters gebracht. Ich möchte das weitergeben, was ich beobachtet habe, aber das Hauptgewicht soll doch auf dem liegen, was mit noch größerer Einsicht Persönlichkeiten dazu gesagt haben.

Je länger, desto mehr bin ich davon überzeugt, daß viele ältere Leute unnötige Beschwerden haben, weil sie nicht richtig Bescheid wissen. Die körperlichen und seelischen Leiden und Begrenzungen des Altseins sind schmerzliche Wirklichkeit, aber die heutige Medizin kann diese unangenehme Seite beträchtlich mildern. Und dazu haben ja die Christen noch weitere Möglichkeiten, aber die bleiben leider zu oft ungenutzt.

Ich habe das Thema positiv angepackt. Die Realität des Altwerdens will ich nicht übersehen, ich meine aber doch, daß die optimistische und fröhliche Betrachtungsweise des Altwerdens zu wenig betont wird. Realismus und Optimismus können, wenn es ums Altwerden geht, gute Freunde sein. Sehr oft ist es möglich, den Tatsachen klar ins Auge zu sehen und doch eine Lebenseinstellung zu gewinnen, die über die Widrigkeiten des Alters triumphiert und die vielen Möglichkeiten und Segnungen genießt, die das Alter bringt. Genau das wünsche ich meinen Lesern.

Ich habe viele Gedichte in mein Buch aufgenommen, denn Dichter haben oft die Gabe, in wenigen treffenden Worten große Wahrheiten auszudrücken, die vielleicht banal klängen, würde man sie nur in magere Prosa fassen.

**Gebet einer Nonne aus dem 17. Jahrhundert**

Herr, du weißt besser, als ich selbst
  es weiß, daß ich älter werde,
  und eines Tages werde ich alt sein.
Bewahre mich vor der schlimmen Gewohnheit,
  zu jedem Thema und bei jedem Anlaß
  etwas sagen zu müssen.
Befreie mich von dem Verlangen,
  für jeden alles regeln zu wollen.
Mach mich nachdenklich, aber nicht trübsinnig,
  hilfsbereit, aber nicht herrschsüchtig.
Bei meiner großen Sammlung an Weisheit
  scheint es schade, sie nicht anzuwenden,
  aber du weißt, daß ich noch Freunde haben möchte,
  wenn mein Ende kommt.
Bewahre mich vor der endlosen Wiederholung
  unwichtiger Einzelheiten; gib mir Flügel,
  zur Sache zu kommen.
Versiegle meine Lippen, so daß sie schweigen
  von Beschwerden und Schmerzen. Sie werden mehr,
  und täglich wird es schöner, von ihnen zu
  erzählen.
Ich wage es nicht, um so viel Gnade
  zu bitten, daß ich glücklich bin,
  wenn andere von ihren Schmerzen erzählen.
  Aber hilf mir, das mit Geduld zu ertragen.
Ich bitte nicht um ein besseres Gedächtnis,
  aber um wachsende Demut und um
  abnehmende Selbstsicherheit, wenn mein
  Gedächtnis und das anderer sich unterschiedlich
  erinnern.
Lehre mich die herrliche Lektion, daß auch ich mich
  gelegentlich irren kann.
Laß mich nett bleiben. Ich will keine Heilige sein —
  mit denen ist oft so schwer leben —; aber als saure
  alte Frau wäre ich eine Krönung der Werke Satans.

Laß es mir gelingen, das Gute zu sehen, wo ich es nicht erwarte, und laß mich die Fähigkeiten bei Menschen erkennen, denen ich keine zutraue.
Und gib mir, o Herr, auch die Gnade, ihnen zu sagen, was ich entdeckt habe. Amen.

# DAS ALTER HAT SEINE VORTEILE

In der Regel bringt man das Alter nicht mit Freude und Vergnügen in Zusammenhang. Ganz im Gegenteil, man sieht es als eine unangenehme und unglückliche Periode des Lebens, der man nicht ausweichen kann und mit der man deswegen so gut wie eben möglich fertig werden muß. Aber diese Vorstellung ist nicht biblisch, und es teilen auch nicht alle diese Meinung.

»Das Alter ist ganz und gar keine peinliche Störung, nein, es ist eine goldene Möglichkeit, zu reifen und glücklich zu sein«, sagte ein alternder Mensch.[1] Seine Vorstellung ist dem, was die Schrift sagt, wesentlich näher. Der Prediger ist überzeugt, daß »graue Haare eine Krone der Ehre sind. Auf dem Weg der Gerechtigkeit wird sie gefunden« (Spr 16,31).

Es gibt Christen, die alt geworden sind, die Freude ausstrahlen und deren Anwesenheit ein Segen ist. Wie Barnabas sind sie »Söhne des Trostes« (Apg 4,36). Sind sie besondere Lieblinge des Herrn, oder könnte es sein, daß sie eine geheime Kunst gelernt und ihr Leben dem Einfluß des Heiligen Geistes so weit geöffnet haben, daß sie fähig sind, über die unausweichlichen Begrenzungen des Alters zu triumphieren?

Bei John Wesley war das eindeutig der Fall. Als er ein alter Mann war, stellte man ihm dieses Zeugnis seiner strahlenden Persönlichkeit aus: »Wo auch immer er hinging, verbreitete er etwas von seinem Glücklichsein. Wenn man ihn sah, erschien das Altern schön, wie ein Abend ohne Wolken. Man konnte ihn einfach nicht beobachten, ohne dabei zu wünschen: Möchten meine letzten Tage wie seine sein!«[2]

Obwohl die Freude des Alters und die der Jugend nach Häufigkeit und Lautstärke unterschiedlich sein mag, so kann sie in jeder Altersstufe gleich anziehend und ansteckend sein. Lebensfreude kann, auch im Alter, ziemlich unabhängig von den Lebensumständen sein.

»Ich habe gelernt, mit dem zufrieden zu sein, was ich vorfinde« (Phil 4,11), bezeugt der vorzeitig gealterte Paulus. Als er die Christen in Philippi ermahnte: »Freut euch im Herrn allezeit, und abermals sage ich: Freut euch!« (Phil 4,4), saß er nicht im Schaukelstuhl in seinem Palast. Im Gegenteil, er lag an einen Soldaten gekettet in einem römischen Gefängnis, aber das raubte ihm seine Zufriedenheit und Freude in Gott nicht.

Seinen Überschuß an Freude vermachte Jesus seinen Nachfolgern: »Das sage ich euch, damit meine Freude in euch bleibt und eure Freude vollkommen wird« (Joh 15,11). Was er hinterließ, hinterließ er den Alten wie den Jungen, denn in Christus gibt es weder jung noch alt.

Die Freude, von der er sprach, war nicht die Freude, die aus der überschäumenden Kraft der Jugend entspringt, und auch nicht die Freude, die auf dem Fehlen von Problemen beruht, denn Freude und Leid können durchaus in Koexistenz leben, und oft tun sie es auch. Paulus sprach von der Möglichkeit, traurig und doch fröhlich zu sein (2. Kor 6,10). Und es überrascht, daß Jakobus uns ermahnt, »es für lauter Freude zu halten, wenn ihr in mancherlei Anfechtungen fallt«, und nicht, wenn wir ihnen entkommen (Jak 1,2).

Diese gottgeschenkte Freude ist nicht einfach sorgloses Fröhlichsein, obwohl sie auch davon einen Anteil enthalten mag. Es ist die »Freude im Heiligen Geist«, und von Paulus wird sie Frucht des Geistes genannt (Gal 5,22), dem es Vergnügen bereitet, uns eben diese Freude Christi zu schenken.

Die Jünger muß es ganz schön schockiert haben, als Jesus zu ihnen sagte: »Selig seid ihr, wenn euch die Menschen hassen und euch ausstoßen und beschimpfen und euren Namen ächten um des Menschensohnes willen. *Freut euch an jenem Tage und jubelt*; denn siehe, es wird euch im Himmel reichlich belohnt werden« (Lk 6,22-23). Dieses ungewöhnliche Rezept für Freude schockiert uns genauso, wenn wir überlegen, was es bedeutet. Aber trotzdem hat es ungezählten Tausenden, die es ausprobiert haben, »unaussprechliche und herrliche Freude« gebracht (1. Petr 1,8). Und deswegen kann die Freude des Herrn selbst unter den sehr realen Begrenzungen, Frustrationen und Schmerzen des Alters unsere Stärke sein (Neh 8,10). »Die Medizin für das Alter ist Interesse, Begeisterung und Arbeit«, schrieb der blinde George Matheson. »Wie der Abend des Lebens sein wird, hängt von dem Tag ab, der voraufgegangen ist. Am Abend werdet ihr Freude erleben, wenn ihr den Tag gut verbracht habt.«[3]

Auch die Freude an dem, was man schafft, steht dem alten Menschen offen, wenn auch vielleicht in bescheidenerem Ausmaß als in jüngeren Jahren. Wenn wir aufhören, uns dauernd mit uns selbst zu beschäftigen, dann erleben wir, daß es viele Möglichkeiten guter Erfahrungen gibt. Man kann zum Beispiel Zeit für andere haben, man kann ideenreich sein, wie man anderen Freundlichkeit und Liebe zeigen kann. Und das macht Freude.

Jetzt, wo mehr Zeit zur Verfügung steht, kann der ältere Mensch ganz anders, als es bisher möglich war, die Freude des Bibelstudiums genießen, und er kann ein systematisches Gebetsleben entwickeln, durch das die ganze Welt seine Gemeinde wird. Jetzt, wo er mehr Zeit hat, kann er sich an Musik, Kunst und Literatur viel intensiver erfreuen als je zuvor. Und er hat Zeit, in Ruhe die Wunder der Schöpfung zu genießen und ihr einige ihrer faszinierenden Geheimnisse abzulauschen.

Sogar der Sieg über Schmerzen und physische Begrenzungen — und auch über nachlassende Kräfte — kann tiefe Freude bringen. Nach einem Unfall hatte mein Vater große Schmerzen, aber zur selben Zeit genoß er auch die Gegenwart des Herrn. Als ich ihn einmal nach seinen Schmerzen fragte, antwortete er: »Ich weiß nicht, was größer ist, die Schmerzen oder die Herrlichkeit.«

Die Gegenwart bringt uns viel mehr Freude, wenn wir nicht an den Enttäuschungen der Vergangenheit kleben und uns auch nicht unberechtigten Sorgen über die Zukunft hingeben.

Ein bißchen Humor und die Fähigkeit, über uns selbst zu lachen, kann eine gute Hilfe sein, um mit den neuen und manchmal sehr beschwerlichen Situationen fertig zu werden, in die wir im Alter immer häufiger geraten. Und wir sollten auch nicht böse sein, wenn dann mal jemand über unsere Verlegenheiten lacht.

## Vor- und Nachteile

Obwohl der Lebensabend Vor- und Nachteile hat, sind es doch in der Regel die Nachteile, die man herausstellt. Jedes Lebensalter hat seine eigenen Probleme, aber auch seine spezifischen Vorteile, und das Alter macht da keine Ausnahme.

Das Kind ist ziemlich sorgenfrei und glücklich; aber selbst in der Kindheit sind Furcht und niederschmetternde Enttäuschungen nicht unbekannt. Die Jugend ist fasziniert von all dem Neuen, was es zu erleben gibt. Aber junge Leute sind oft verwirrt und gequält aus Furcht vor der Zukunft. Im mittleren Alter erlebt man die Freude, etwas zu schaffen und Autorität zu haben, aber man erlebt auch die Mühe, die dauernd größer werdende Verantwortlichkeiten machen.

Das Alter mit all seinen nur zu bekannten Nachteilen und Begrenzungen kann uns auch neue Horizonte schöner Möglichkeiten eröffnen. Wenn unsere Kräfte nachlassen und wir erleben, daß wir vergänglich sind, dann bietet uns das die Gelegenheit, auszuprobieren, ob Paulus mit seinem paradoxen Satz »Wenn ich schwach bin, bin ich stark« (2. Kor 12,10), recht hat. Auch wir können staunend erleben, daß Gottes Macht unsere Unzulänglichkeit ausgleicht. Paulus wußte, wie schwach er war, und das machte es Gott möglich, seine vollkommene Kraft zu zeigen (2. Kor 12,9).

J.S. Steward schreibt dazu:

Das ist die Antwort: Gott will sein Reich auf menschliche Schwäche und Niedrigkeit bauen, nicht auf Stärke und Selbstvertrauen. Und Gott kann uns nicht trotz unserer Gewöhnlichkeit und Hilflosigkeit und Schwächlichkeit, sondern genau deswegen gebrauchen. Nichts kann eine Gemeinde (oder einen einzelnen) besiegen, wenn sie nicht ihre Stärken, sondern ihre Schwächen Gott als Werkzeug anbietet. Genau das haben William Carey, Franz Xavier und der Apostel Paulus getan. »Herr, hier ist meine Schwäche: Ich weihe sie dir zu deinem Ruhm!« Das ist die Strategie, für die es keine Alternative gibt. Das ist der Sieg, der die Welt überwindet.[4]

Das ist ein Lebensbereich, in dem ältere Menschen Gott in einzigartiger Weise verherrlichen können. Hat er nicht veranlaßt, daß diese Worte niedergeschrieben wurden: »Was schwach ist vor der Welt, das hat Gott erwählt, um zuschanden zu machen, was stark ist« (1. Kor 1,27)? Auch wenn menschliche Möglichkeiten fehlen, kann er sein Ziel erreichen.

Vielleicht fühlen wir, daß wir zu schwach und unbedeutend sind, in unserem Alter noch viel für Gott zu erreichen, aber Paulus versichert uns, daß Gott Nichtse erwählt hat, um für ihn die Schlacht zu schlagen. Unsere Schwachheit und Abhängigkeit sind es, die den Weg frei machen für einen größeren Erweis seiner Macht. Ist es nicht ein revolutionärer Gedanke, daß Gott uns nicht *trotz*, sondern *wegen* unserer Schwachheit gebrauchen will? Wird nicht von den Helden in Gottes Ehrenhalle gesagt, »daß sie als Schwache zu Kräften gekommen sind« (Hebr 11,34)?

In Gottes Planwirtschaft können selbst die Lahmen Beute machen (Jes 33,23). Jakob siegte erst, als er lahm geworden war und die Muskeln seines Trickreichtums dahingeschwunden waren (1. Mose 32,25-32).

Die Geschichte des Kampfes zwischen Josua und den Amalekitern (2. Mose 17,8-16) ist ein ermutigendes Gleichnis für die Freude des fürbittenden Dienstes, der selbst körperlich schwachen Achtzigjährigen gut möglich ist. Im Hin und Her der Schlacht lag der Schlüssel zum endlichen Sieg nicht in den Händen Josuas und seiner Kämpfer im Tal, sondern in den Händen Moses, Aarons und Hurs (alle über Achtzig) auf der Höhe des Hügels. Solange Mose seinen Stab — das Symbol der göttlichen Vollmacht — hochhielt, siegte Israel. Aber wenn er vor lauter Erschöpfung die Hände sinken ließ, wurde der Sieg zur Niederlage.

Wenn Moses Hand erhoben war,
dann gab Gott Israel den Sieg.
Doch wurd' zu müd die Hand ihm gar,
dann siegte Amalek im Krieg.

William Cowper

Die *waffenlosen Gebetshände* auf dem Hügel waren es, die das Schlachtenglück bestimmten, nicht die Waffen der Kämpfer im Tal. Als Moses nicht mehr stehen konnte, setzte er sich. Und als er seine Hände nicht mehr hochhalten konnte, stützten Aaron und Hur ihn so lange, bis der Sieg vollständig war.

Trotz ihres hohen Alters waren sie doch jung genug, um Gottes verborgene Werkzeuge des Sieges zu sein. *Alte Menschen können beten*, und Gebet ist mächtiger, als Waffen es sind. Durch den Dienst der Fürbitte und durch die Ausübung ihrer geistlichen Autorität stärkten diese alten Männer die Hände des jüngeren Josua und seiner Leute, die in der Schlacht standen. Ist das nicht ein Beispiel, dem wir nacheifern können?

Noch einmal: Das neue und manchmal betrübliche Gefühl unserer Schwäche und Abhängigkeit von anderen ermöglicht es uns, die Realität und Tatkraft unseres Glaubens zu prüfen. Glaube wächst nur, wenn er geprüft wird, und das Alter ist einer der Schmelztiegel, die zu so einer Prüfung dienen. Zu neuen Höhen schwingt sich unser Glaube eher durch die Erlebnisse dunkler Stunden hinauf, als durch die hellen Stunden der Freude. Das Erleben dunkler Stunden stärkt unser Vertrauen in die Liebe und Fürsorge unseres himmlischen Vaters.

Und wenn dein Weg durch Feuer geht,
die Gnade dir zur Seite steht.
Die Flamm verbrennt, was Spreu nur ist,
bis du wie Gold geläutert bist.

Und bis zum hohen Alter hin,
da sollt ihr meine Liebe spürn.
Ich trage euch in meinem Schoß,
ob jung, ob alt, ob klein, ob groß.

Nach George Keith

Wenn das Alter zunimmt, gewinnt man an Weisheit, eine Weisheit, die nur die Jahre bringen können. Solche Weisheit kann man nicht aus Büchern lernen, und an keiner Universität wird sie gelehrt. Diese Weisheit muß, oft unter Schmerzen, auf dem Amboß des wirklichen Lebens geschmiedet werden. Im Alter haben wir das Vorrecht, unsere teuer bezahlten Entdeckungen mit anderen zu teilen.

Wie Hiob können wir zum Beispiel die Freude erleben, die Kunst zu erlernen, das Bittere *und* das Süße anzunehmen. Mitten in diesem Feuerofen der Not drängte Hiobs Frau ihn, »Gott zu verfluchen und zu sterben« (Hiob 2,9) und so weiterer Not auszuweichen. Hiobs bewundernswerte Annahme des Willens Gottes brachte nicht nur sie zum Schweigen, er rechtfertigte auch das Vertrauen, das Gott in ihn gesetzt hatte, und besiegte den Satan. Und einer Generation nach der anderen bot dies ein leuchtendes Beispiel bedingungslosen Vertrauens auf Gott, von dem Hiob wußte, daß er sich absolut auf ihn verlassen konnte.

Hören wir, was Hiob antwortete: »Er aber sprach zu ihr: Du redest, wie die törichten Weiber reden. Haben wir Gutes empfangen von Gott und sollten das Böse nicht auch annehmen?« (Hiob 2,10). Und was war das Ergebnis seiner Prüfung? »Und der Herr wandte das Geschick Hiobs... Und der Herr segnete Hiob fortan mehr als einst« (Hiob 42,10-12). Entscheidend ist das Ende. Wenn wir Gott voll und ganz vertrauen, werden wir immer reicher, nicht ärmer.

Ich werde älter, Herr, und bete
nicht um mehr Weisheit, Gold und Macht.
Ich bitt nur, daß mit jeder Stunde
der Glaube wächst, wenn's Haar wird grau.

Es endet nun bald der Weg meines Lebens,
ich höre das Schlagen der Ruder des Fährmanns.
Ich blicke hinüber und bitte nur eins:
Mehr Glauben an Gott, mehr Glauben an Gott!

L. Mitchell

## Anmerkungen

[1]Alfons Deeken, Growing Old, Paulist, New York 1972, S.4.
[2]Henry Durbanville, The Best Is Yet To Be, B. McCall Barbour, Edinburgh 1950, S.24.
[3]George Matheson, Gathered Gems, Epworth, London 1955, S. 153.
[4]J.S. Steward, Thine Is the Kingdom, St. Andrew, Edinburgh 1956, S. 23-24.

# IRRIGE ANSICHTEN

Um das geheimnisvolle Erleben des Alters haben sich gefährliche Mythen gerankt, die man verscheuchen muß.

Ein Mythos ist eine überlieferte Geschichte, die aus einer Idee entstand oder aus ihr geschaffen wurde, etwas Fabelhaftes, das nichts mit der Realität zu tun hat. Wie viele Mythen haben sich an das Alter angehängt! Sie haben mit Tatsachen nichts zu tun, werden aber allgemein geglaubt.

Wenn eine Behauptung von einer genügend großen Zahl Menschen oft genug wiederholt wird, hält man sie am Ende für Wahrheit, ganz gleich, ob es Belege dafür gibt oder nicht. Einige Mythen über das Alter sollten erkannt und beseitigt werden, denn sie haben vielen Menschen, die sich daran hätten freuen können, mit Gott alt zu werden, den Lebensabend getrübt. Dies sind einige der Mythen, auf die ich in den folgenden Kapiteln auch eingehen will.

Es ist ein Mythos und nicht wahr,

- daß der Lebensabend in jedem Fall weniger erfreulich und anregend sein muß als die »Blüte« unserer Jahre;
- daß das Gedächtnis mit zunehmendem Alter schlechter werden muß;
- daß alte Leute notgedrungen in ihren späteren Jahren körperlich und geistig weniger robust sind;
- daß Alter eine Krankheit ist, mit Behinderung und Schwäche gleichzusetzen;
- daß das Alter eine Zeit des Niedergangs sein muß und daß man keine weiteren Fortschritte im Wachstum oder in der Entwicklung erwarten darf;
- daß die Fähigkeit, sich zu ändern, neue Ideen zu haben und Neues zu lernen, im Alter notwendigerweise nachläßt;
- daß das Alter eine Periode ungeminderten Elends ist

und daß es für alte Leute normal ist, unglücklich zu sein;

- daß es schwierig oder sogar unmöglich ist, im Alter neue Beziehungen anzuknüpfen und aufrechtzuerhalten;
- daß es von der Zahl der Jahre abhängt, was alte Leute können und was sie erleben;
- daß es eine wissenschaftlich gesicherte Grundlage für die willkürlich festgelegte Pensionierungsgrenze von 65 gibt;
- daß man im hohen Alter die Blasenfunktion nicht mehr kontrollieren kann;
- daß ein Witwer es leichter hat als eine Witwe;
- daß die meisten Altersheime trübe sind, fast so wie ein Gefängnis;
- daß man so richtig ungehemmte Freude im Alter nicht mehr erleben kann.

Diese Meinungen können mit Recht in Frage gestellt werden, denn viele erleben das Alter ganz und gar nicht so. In diesem Buch wird, so hoffe ich, deutlich, daß einige dieser Ansichten zwar für manche Menschen tatsächlich und schmerzlich zutreffen, aber daß in sehr vielen Fällen das Alter *an sich* gar nicht schuld daran ist, sondern Krankheiten, die junge und alte Menschen gleichermaßen befallen.

Es ist zum Beispiel ein Mythos, daß alle Altersheime und Seniorenwohnheime trübe und traurige Orte seien. Ein Freund von mir, Missionar im Ruhestand, sträubte sich mit Händen und Füßen gegen jeden Vorschlag, in das gut eingerichtete und gut geführte Altersheim der Mission umzuziehen. Ihm war es fast, als stünde über der Eingangstür: »Gebt alle Hoffnung auf, die ihr hier eintretet.«

Aber später ließ ihm die körperliche Schwäche keine andere Möglichkeit, und so zog er dann doch ein, wenn auch sehr widerwillig. Ein oder zwei Jahre darauf sagte er mir, daß das, was er erlebt habe, genau das Gegenteil gewesen sei von dem, was er erwartet hatte. »Wie habe ich mich doch geirrt«, rief er aus, »ich bin noch nie an einem Ort gewesen, wo wir so viel Spaß miteinander gehabt haben.«

Es mag Altersheime geben, die den Tadel durchaus verdienen, aber es gibt viel mehr, in denen die, die dort leben, alles haben, was sie brauchen, wo sie gut versorgt werden und wo sie es genießen können, von manchen Lasten, die sie früher tragen mußten, frei zu sein. Sie finden eine gute Gemeinschaft und freuen sich, daß sie in so einem gut geführten Heim sich nicht mehr selbst versorgen müssen.

# ALT, NICHT SENIL

Wann ist man alt? Als Bernard Baruch schon über 80 war, wurde er gefragt, wann man alt sei. Er antwortete: »Alt ist 15 Jahre älter als ich.« Seine scherzhafte Antwort wird nicht jeden zufriedenstellen, sie zeigt aber eine beneidenswerte Einstellung zum Altwerden.

Ist das Alter eine Krankheit wie die Gicht, oder ist es wie die Kindheit einfach eine normale Lebensstufe? Ist Alter eine Frage des Körpers oder der Einstellung zum Leben?

Das Altern ist ein langsamer biologischer Prozeß, dem keiner ausweichen kann. Aber Altern muß unterschieden werden von Senilität, der Schwäche des Geistes, die manchmal mit dem körperlichen Altwerden einhergeht. Wenn auch manchmal eng verbunden, ist doch Altern und Senilwerden ganz und gar nicht das gleiche. Viele werden alt, ohne auch nur ein wenig senil zu werden. Altwerden ist nicht dasselbe wie Altsein. Altwerden ist eine Lebensstufe, Altsein ist eine Geistes- und Gemütseinstellung.

Biologisch kann man Altern als den Prozeß verstehen, in dem das sich selbst regulierende System des Körpers zu versagen beginnt. Altwerden wirkt sich sehr unterschiedlich aus. Das ist zum Teil eine Frage der Lebenseinstellung, denn viele alte Menschen sind geistig jung geblieben, und es gibt auch junge Menschen, die mit 25 schon alt sind. Wie jede andere Lebensstufe auch, hat das Alter bestimmte Kennzeichen und stellt bestimmte Forderungen ans Leben.

Das Alter beginnt nicht an einem bestimmten runden Geburtstag. Es beginnt so allmählich, daß man es kaum merkt. Für fast jeden kommen die ersten grauen Haare überraschend. Wir werden nicht von Jahr zu Jahr älter, sondern von Minute zu Minute.

Eine hundertjährige alte Dame wurde gefragt, was sie aus ihrem Leben gemacht habe. Ihre Antwort: »Das kann ich noch nicht sagen, ich arbeite immer noch daran.«

Die Juden hatten ihren eigenen Maßstab fürs Altwerden. Für sie lief das Alter in drei Stufen ab: 60-70 war die Anfangsstufe, 70-80 die Zeit des grauen Hauptes, ab 80 die Zeit des wirklich hohen Alters, wo man, um mit den Worten der Bibel zu sprechen, »alt und lebenssatt« ist. Diese willkürliche Einteilung mag ganz praktisch sein, aber wissenschaftlich korrekt ist sie nicht.

Nicht Jahre machen alt.
Der Geist kann jung noch sein.
Wenn siebzig Jahre auch
das Rad des Lebens lief —
so hat doch Gott gesagt
in seinem Wort der Treu:
Wer auf den Herrn vertraut,
des Jugend wird stets neu.[1]

Verfasser unbekannt

In den Kulturen Ostasiens wird Alter mit Weisheit gleichgesetzt. In Japan sind die Alten geachtet, und ihr Ansehen ist groß. Ein Mensch wird eher nach seinem inneren Wesen beurteilt als nach seinen Leistungen. Die Kultur des Westens legt dagegen mehr Wert auf Nützlichkeit. Man neigt dazu, Leistung und Produktivität den ersten Rang einzuräumen, die Qualität des Lebens wird eher als zweitrangig gesehen. Auf seiten welcher Anschauung die Bibel steht, darüber gibt es wenig Zweifel.

An der Redewendung: »Man ist so alt, wie man sich fühlt« ist viel dran, denn die meisten Menschen über 70 sind im geheimen jung, auch wenn ihre Haut schon runzlig ist, und sie fühlen sich, auch wenn ihr Körper altert, so jung wie eh und je. Alter ist relativ, und die meisten fühlen sich jünger, als sie es nach ihrem Personalausweis sind.

Wenn man das Altern auch nicht aufhalten kann, so muß man doch zugeben, daß die meisten Probleme alter Menschen von ihnen selbst geschaffen sind und, zumindest teilweise, gelöst werden können, wenn man sie nur resolut anpackt.

Einige meinen zum Beispiel, niemand brauche sie und niemand möge sie leiden. Aber oft ist es doch ihre eigene negative Einstellung zu sich selbst, die es verhindert, daß man sie mag und braucht. Um das zu verändern, ist eine neue Lebenseinstellung nötig. In biblischer Sicht ist niemand unbedeutend oder wertlos. Sagte nicht Jesus, daß es ein schlechtes Geschäft wäre, wenn man die Welt gewönne um den Preis der Seele (Mk 8,36)? Wir sollten es lernen, die Chancen unseres Lebens so zu sehen, wie Gott sie sieht.

> Wer nicht nach vorne schaut,
> wes Ehrgeiz abgebaut,
> der ist ein alter Mann.

Ein über 80jähriger Prediger, Dr. F.B. Meyer, gab einer Gruppe von Menschen, die alle ihr 80. Lebensjahr begannen, folgende Worte mit:

> Erlauben Sie sich nicht, sich alt zu fühlen. Geben Sie Ihr Interesse am Leben nicht auf. Haben Sie ein Hobby. Spielen Sie mit Ihren Enkelkindern oder mit denen anderer Leute. Denken Sie nicht ans Ende — Gott hat das liebevoll geplant. Dann werden Sie das Verlassen dieser Welt so wenig bemerken, wie Sie Ihr Hineinkommen bemerkt haben. Hierbei setze ich natürlich voraus, daß Sie sich Christus für die Ewigkeit anvertraut haben...
>
> Ich weiß, ich habe versagt und bin vor Gott nichts wert. Ich wüßte nicht, wo ich stehen sollte, wenn das am Kreuz vergossene Blut und der Mittler auf dem Thron nicht für mich sprächen.
>
> Was ich von der kommenden Welt erwarte, ist in den Worten ausgedrückt: »Seine Diener werden ihm dienen.« Hätte ich hundert Leben, sie sollten Christus gehören. In seinem Dienst habe ich völlige Freiheit.

Medizinisch gesehen stirbt niemand am Alter. Die Ursache des Todes ist eine Krankheit oder das Versagen wichtiger Organe, weil der Körper abgestorbene Zellen nicht mehr ersetzt. Dieser unvermeidliche Vorgang überrascht Gott nicht. Sein kosmischer Plan sieht für alle Lebensstufen das Nötige vor.

Man sagt, es geht bergab mit uns,
wenn älter werden wir.
Man spricht mit dunklem Unterton:
Ach, blieben wir doch hier.
Man seufzt, wenn man von früher spricht:
Wie schön war doch die Zeit.
Als ob, was kommt, nicht Glück verheißt,
Glück der Unsterblichkeit.[2]

Verfasser unbekannt

## Sieben Altersstufen?

In »Wie es euch gefällt« beschreibt Shakespeare in dunkler satirischer Sprache sieben Altersstufen des Menschen.

...Zuerst das Kind,
das in der Wärt'rin Armen greint und sprudelt;
der weinerliche Bube, der mit Bündel
und glattem Morgenantlitz wie die Schnecke
ungern zur Schule kriecht; dann der Verliebte,
der wie ein Ofen seufzt mit Jammerlied
auf seiner Liebsten Brau'n; dann der Soldat,
voll toller Flüch' und wie ein Pardel bärtig,
auf Ehre eifersüchtig, schnell zu Händeln,
bis in die Mündung der Kanone suchend
die Seifenblase Ruhm. Und dann der Richter,
in rundem Bauche, mit Kapaun gestopft,
mit strengem Blick und regelrechtem Bart,
voll weiser Sprüch' und Allerwelts-Sentenzen
spielt seine Rolle so. Das sechste Alter
macht den besockten hagern Pantalon,

Brill' auf der Nase, Beutel an der Seite;
die jugendliche Hose, wohl geschont;
'ne Welt zu weit für die verschrumpften Lenden.
Die tiefe Männerstimme, umgewandelt
zum kindischen Diskante, pfeift und quäkt
in feinem Ton. Der letzte Akt, mit dem
die seltsam wechselnde Geschichte schließt,
ist zweite Kindheit, gänzliches Vergessen
ohn' Augen, ohne Zahn, Geschmack und alles.[3]

Ob Shakespeares Darstellung der Altersstufen nun richtig ist oder nicht, es gibt drei sehr verschiedene Weisen, Alter zu messen. Die Soziologen verwenden unterschiedliche Ausdrücke. Folgende Einteilung ist wohl die einfachste: das *zeitliche Alter* — es wird in Jahren und Tagen gemessen; das *biologische Alter* — meßbar am Funktionieren des Körpers und seiner Organe; das *psychische Alter* — meßbar daran, wie man sich fühlt und wie man auf Menschen und Ereignisse reagiert.

Wenn man mit diesem dreifachen Maßstab mißt, kann ein und derselbe Mensch drei sehr verschiedene Alter haben, denn Menschen mit dem gleichen zeitlichen Alter können sehr verschieden handeln.

Es wäre nicht klug, Alter nur mit Uhr und Kalender zu messen, denn mancher, der alt ist an Jahren, ist seelisch jung, und umgekehrt gilt das auch. Mit dem magischen Alter 65 tritt nicht plötzlich ein deutlich sichtbarer und meßbarer Verfall unserer körperlichen und seelischen Kräfte ein, nur weil wir das Rentenalter erreicht haben. Aber viele verhalten sich so, als wäre das der Fall. Es gibt viele Fachärzte der Altersheilkunde, die überzeugt sind, daß die meisten alten Menschen körperlich und geistig viel leistungsfähiger sind, als man geglaubt hat.

Unsere Kräfte und Fähigkeiten verfallen nicht über Nacht, nur weil wir plötzlich ein bestimmtes Alter erreicht haben, denn die Zahl der Jahre ist nicht notwendigerweise die eigentliche Ursache für das Abnehmen unserer Leistungsfähigkeit. Die Zahl der Jahre kann auch nicht bestimmen, was und wieviel wir tun sollen. Andere Faktoren müssen auch beachtet werden. In manchem werden wir mit dem Alter langsamer, in manchem aber auch schneller. 10 Jahre älter zu werden heißt nicht, 10 Jahre weniger aktiv oder weniger nützlich zu sein.

Es ist wahr, daß alte Leute geistig stur und unbeweglich in ihren Einstellungen werden können. Aber die Ursache kann ganz woanders liegen als in der Zahl der Lebensjahre. Oft ist die Ursache das freiwillige Fallenlassen von Aktivitäten und Engagement, das Aufgeben des Kampfes um mehr Wachstum und Reife. Das Alter ist durchaus kein Grund dafür, weniger zu tun, es eignet sich aber hervorragend als Ausrede, wenn man eine braucht.

Vor zwei Generationen war die Biographie des Methodistenpredigers *Lax* sehr beliebt, der im Londoner Slumviertel *Poplar* einen eindrucksvollen und überaus erfolgreichen Dienst an den sozial Benachteiligten tat. Als er alt wurde, unterschied er zwei Arten von Alter, das Alter des Körpers und das des Geistes, und er war überzeugt, daß das Alter des Geistes weitgehend maßgebend sei. Er schrieb:

> Das Alter des Körpers hängt von den Organen ab, von Herz, Lunge und so weiter. Sie haben ihre Lebensdauer und nutzen sich ab, entweder durch rücksichtsvollen Gebrauch oder, häufiger, durch weniger rücksichtsvollen Gebrauch. Daran kannst du nichts ändern.
>
> Aber du kannst das Alter deines Geistes beeinflussen. Wenn du das Leben im richtigen Geist angehst, kannst du deinen Geist fast unbegrenzt jung erhalten. Und denk daran, daß der Geist den Rest des Körpers beherrscht. Er ist das höchste Organ. Wenn du deinen Geist alt werden läßt, altert auch der Körper. Wie du deinen Geist jung erhalten kannst? Das wichtigste ist, daß du fröhlich bleibst...
>
> Und halte deinen Geist aktiv und offen... Sobald ein Mensch die Fähigkeit zu staunen verliert.... wird er alt.[4]

## Anmerkungen

[1] Aus: George Henderson, Heaven's Cure for Earth's Care, G. F. Vallance, London o.J., S. 37.
[2] A.a.O., S. 37.
[3] 2. Akt, 7. Szene, Übersetzung W. von Schlegel.
[4] William Henry Lax, Lax of Poplar, Epworth, London 1927.

## DIE ALTERSPYRAMIDE VERÄNDERT SICH

Als Generalsekretär der UNO bezeichnete der Burmese U Thant Asien als einen Kontinent, der »ungeheuer jung geworden sei«. In den meisten asiatischen Kirchen ist die Jugend in der Mehrzahl. Im Westen ist das anders. Während Asien das dringende Problem der Überzahl junger Menschen zu lösen hat, muß der Westen das genauso dringende Problem lösen, daß der Anteil der Alten sich drastisch vergrößert.

In den USA waren 1850 nur 2,5 Prozent der Einwohner älter als 65. Heute sind es 10 Prozent. Anfang der 70er Jahre waren 4,4 Prozent der Amerikaner über 75, zur Jahrtausendwende könnten es 6,9 Prozent sein.[1] In den USA leben heute mehr als 25 Millionen Menschen, die 65 Jahre oder älter sind. Wenn die Lebenserwartung weiter zunimmt wie bisher, könnte die Zahl bis zum Jahre 2000 auf 38 Millionen ansteigen.

Nur eines der Probleme, die aus diesem sich verändernden Gleichgewicht entstehen, ist die Notwendigkeit, immer mehr Alters- und Pflegeheime einzurichten. Zur Zeit wohnen 1,3 Millionen Amerikaner in solchen Heimen. Wenn es so weitergeht wie bisher, werden es im Jahre 2000 schon 2 Millionen sein. Die Versorgung der wachsenden Zahl alter Menschen wird den im Arbeitsprozeß stehenden neue finanzielle Lasten aufbürden.

Die Vereinigten Staaten stehen mit dieser Entwicklung nicht allein. In der Bundesrepublik Deutschland ist die durchschnittliche Lebenserwartung eines neugeborenen Kindes heute über 5 Jahre höher als vor 20 Jahren, zugleich ist die Geburtenrate eine der niedrigsten der Welt, so daß zunehmend weniger Menschen im Arbeitsprozeß zunehmend mehr Menschen im Rentenalter ernähren müssen.[2]

In vielen anderen Kulturen, besonders in Asien, bleiben die Alten bis zum Tod in ihren Familien. Aber heute wird das selbst in Asien immer schwerer. Die viel größere Lebenserwartung — bis zu 15 Jahren für Frauen — zeigt eindrücklich, welche gewaltigen Probleme im nächsten Jahrzehnt zu lösen sind. Langlebigkeit kombiniert mit Inflation vermindert das Realeinkommen beträchtlich.

Beachtet werden muß aber, daß sich zur Zeit auch die Einstellung zum Alter ändert. In einem Artikel »Die graue Macht läßt ihre Muskeln spielen« trägt Kerry Wakefield einige interessante Beobachtungen aus Australien zusammen. Unter anderem nimmt er darin Stellung zu den Vorwürfen, daß der Oberrichter Norris zu alt sei, um eine Befragung australischer Medien durchführen zu können. Er schreibt:

> Mr. Justice Norris, machen Sie sich keine Sorgen. Der Naseweis, der meinte, Sie wären mit 77 zu alt für die Medienuntersuchung, ist nicht auf dem laufenden. Die Zukunft liegt in runzligen Händen. Altsein ist im Kommen.
>
> Manche sagen voraus, daß die älter werdende Gesellschaft Australiens neuen Respekt vor dem Alter gewinnen wird, daß ein Umschwung stattfinden wird, weg vom Lustprinzip und vom Individualismus hin zu Verantwortlichkeit und den Werten des Familienlebens.
>
> Phil Ruthren, der Leiter der *Ibis Research Services Ltd.*, sagt: »In weniger als fünf Jahren wird sich eine neue Achtung für Erfahrung, Festigkeit, Disziplin und Alter eingestellt haben. Die soziale Einseitigkeit, die der Kult der Jugend hervorgerufen hat, vergeht. Statt *ich* wird man wieder *wir* sagen.«
>
> Der Grund für diese Vorhersage liegt in der wachsenden Zahl älterer und alter Menschen in Australien. 1986 wird es erstmals mehr Australier über 30 geben als unter 30. Während jetzt jeder elfte über 65 ist, wird es im Jahre 2000 jeder achte sein.[3]

Angesichts dieser besorgniserregenden Fakten müssen die Kirchen und ihre Führer überdenken, was sie bisher getan haben, und sie müssen sich auf das einstellen, was bald Wirklichkeit sein wird. Allgemein ist zu sagen, daß man sich für die Alten bisher am wenigsten hat einfallen lassen. Die Initiative darf nicht den Soziologen und den Regierungen überlassen werden. Die Kirche kann eine wichtige Rolle bei der Wiederherstellung biblischer Maßstäbe des Familienlebens spielen, und sie kann die Solidarität der Familie stärken.

## Der Generationenkonflikt

Diesen Konflikt gab es schon immer, allerdings ist er in dieser Generation schärfer geworden. Aber, ob sie es erkennen oder nicht, Jugend und Alter sind aufeinander angewiesen. Gegenseitige Befruchtung — geistlich und geistig — wird beide bereichern.

Eines der ältesten Schriftstücke, die es gibt, befindet sich in einem Museum in Istanbul. In ihm liest man: »Oh, die Zeiten sind nicht mehr, wie sie waren. Die Kinder gehorchen ihren Eltern nicht mehr.«[4] Wie seltsam zeitgenössisch ist der Text! Ohne Frage, die Geschichte wiederholt sich. In Tausenden von Jahren haben offensichtlich weder Alter noch Jugend ihre Einstellung sehr verändert. Die radikale Jugend stieß immer schon mit dem konservativen Alter zusammen. Die Jugend verlangt Veränderung, das Alter hängt am Status quo, und beiden fehlt es an Toleranz. Es braucht echte Toleranz und die christlichen Tugenden der Liebe und der Geduld. Daß sie fehlen, erklärt einen beträchtlichen Teil der Jugendkriminalität.

Die Jugend ist ungeduldig. Die Alten sind manchmal stur. Die Jugend ist radikal, das Alter neigt zum Konservativismus. Aber wenn das eine das andere nicht hätte, wären beide ärmer. Jung und Alt hat jedes seinen eigenen notwendigen Beitrag zu Haus, Gemeinde und Gesellschaft zu leisten.

Jung und alt könnten eigentlich regelmäßig dieses Gebet sprechen:

Herr,
die Alten mach tolerant,
die Jugend verständnisvoll,
die Großen demütig,
die Geschäftigen geduldig,
die Bösen mach gut;
und mach mich zu dem, was ich sein soll.

Leider gibt es zu viele Beispiele, wo junge Menschen sich gegenüber alten sehr grausam verhalten. Dafür gibt es keine Entschuldigung. Sadistische Gewalttaten an alten Leuten kommen in jeder Großstadt vor. Aber man muß auch die anderen jungen Leute sehen — und sie sind wohl die Mehrheit —, die freundlich und rücksichtsvoll sind und die sehr gut mit Menschen klarkommen, die älter sind als sie selbst.

Bei manchen Kindern ist sogar das Verhältnis zu den Großeltern enger als zu den Eltern. Ein Grund mag darin liegen, daß die Großeltern das Kind nicht erziehen müssen und deswegen zu Enkelkindern viel großzügiger sein können, als sie es zu ihren eigenen Kindern waren. Solche Großeltern sind bei den Enkelkindern sehr beliebt, aber wenn die Großeltern nicht aufpassen, können Spannungen zu den Eltern entstehen.

Als Jesus vom Himmelreich sprach, benutzte er das Bild eines Hausvaters, »der aus seinem Schatz Neues und Altes hervorholte« (Mt 13,52). Jung und alt können beide aus ihrer Erfahrung Wertvolles zum gemeinsamen Nutzen beitragen.

Jung und alt müssen keine Gegensätze sein, sie können sich auch ergänzen. Oft lebt ein junger Geist in einem alten Körper. Und mancher hat zwar junge Schultern, aber ein weises Haupt.

Der Schotte Dr. Thomas Guthrie, ein bekannter Neutestamentler, sagte einmal: »Man sagt, ich werde alt, weil mein Haar silbern ist und weil ich Falten unter den Augen habe und weil meine Schritte nicht mehr so fest und so elastisch sind wie früher. Wer das sagt, der irrt sich. Das bin nicht ich. Die Knie sind schwach, aber das bin nicht ich. Die Stirn ist runzlig, aber das bin nicht ich. Das ist das Haus, in dem ich lebe, aber ich bin jung, jünger, als ich je war.«

Ganz gleich, wie man sich bemüht, man wird alt. Aber geistig können wir jung bleiben, wenn wir uns entschlossen darum bemühen. Mr. Pickwick ist einer der berühmtesten Charaktere des englischen Dichters Charles Dickens. Sam Weller sagt von Mr. Pickwick, er glaube, daß sein Herz 25 Jahre jünger sei als sein Körper. Die meisten von uns kennen einige prächtige Menschen, die das mit Mr. Pickwick gemeinsam haben. »In jedem alten Menschen lebt ein junger Mensch, mindestens aber jemand im besten Alter, der versucht, nicht alt zu werden.«

In einem Gedicht des 15. Jahrhunderts wird so vom Übergang aus der Jugend zum Alter gesprochen:

Schon am Tag, da wir geboren,
wird unsere Jugend geringer,
und das Alter beginnt.
Wie wahr ist es doch:
Mit jedem Augenblick
sind wir gealtert ein Stück.
Die Jugend verrinnt und kommt nicht zurück,
macht Schwäche und Blässe Platz.
Drum merke es dir, vergiß es nie,
wie schnell die Jugend vergeht.
Ob jung, ob alt, wir bitten Gott:
Im Alter gib uns Geduld.

## Anmerkungen

[1] Leitartikel in »Christianity Today«, 2.5.1980, S. 12.
[2] Einfügung des Übersetzers.
[3] Kerry Wakefield, Grey Power Flexes its Muscles, in »Melbourne Age«, 28.10.1980.
[4] Zitiert in E. Stanley Jones, Mastery, Hodder and Stoughton, London 1950, S. 60.

# BEREIT SEIN

Wann sollte man beginnen, sich auf die Freuden und Mühen des Alters einzustellen? Jede Lebensstufe ist sozusagen eine Vorbereitung für die nächste. Was wir jetzt sind und tun, bestimmt entscheidend mit, was wir sein werden.

Ein schönes und sinnvolles Alter bekommt man nicht geschenkt. Wir müssen es vorbereiten und dafür arbeiten. Und doch haben viele — unter ihnen auch ich — in den jüngeren Jahren wenig an diesen wichtigen Aspekt unseres Lebens gedacht. Es gab jeden Tag genug zu tun, die Gegenwart war fordernd und faszinierend, und so ließen wir die Zukunft selber für sich sorgen.

Jetzt haben die Jahre uns eingeholt, und manch einer hat feststellen müssen, daß ihn die Pensionierung unvorbereitet traf. Jetzt wäre er froh, wenn er sich Zeit genommen hätte, sich auf die unvermeidlichen Änderungen vorzubereiten. Nicht alle haben die Kunst gelernt, freie Zeit so zu nutzen, daß es Freude macht und sich auch lohnt. Wir sollten daher junge Leute ermutigen, uns nicht unsere Fehler nachzumachen.

Wer in seinen jungen Jahren geistige Interessen wie z.B. Lesen gepflegt hat, hat es, wenn die Körperkräfte nachlassen, weniger schwer als der, der selten ein Buch zur Hand nahm. Aber es ist nie zu spät, neu anzufangen, wenn nur die Einstellung positiv ist und die Entschlossenheit vorhanden.

Das Sprichwort »Was Hänschen nicht lernt, lernt Hans nimmermehr« ist eine der Fehleinschätzungen des Alters, die man aufdecken und ablegen muß. Es mag durchaus länger dauern, neue Fähigkeiten zu erlernen — aber eher aus Furcht vor Versagen als aus Unfähigkeit. In klinischen Untersuchungen wurde festgestellt, daß die langsamere Lernfähigkeit im Alter durch unbewußte Angst bedingt ist. Wenn man angstlösende Mittel einsetzte, stieg die Lernfähigkeit.

Der ältere Mensch kann viel. Noch sehr spät im Leben kann

man Neues lernen. Es ist die Furcht, daß man zu alt sei, die uns hindert, es zu versuchen, nicht der Mangel an geistiger Kraft. Es braucht nur eben etwas mehr Zeit, Neues zu lernen, weil Gehirn und Nervensystem wohl etwas langsamer arbeiten.

In den letzten Jahren ihres Lebens litt meine Frau an multipler Sklerose. Ihr Leiden trat zuerst in den Händen auf, und zunehmend konnte sie Daumen und Zeigefinger nicht mehr gebrauchen. Sie hatte vorher nie zu malen versucht, aber dank einiger Ermutigung fing sie an und stellte fest, daß sie durchaus begabt war. Als sie Daumen und Zeigefinger nicht mehr gebrauchen konnte, malte sie mit den anderen Fingern. Sie malte so gut, daß man sie in den Künstlerverein aufnahm. Und selbst, als sie kaum noch etwas anderes tun konnte, konnte sie noch malen. Während ihrer beiden Krankheitsjahre malte sie 40 oder 50 Bilder, die heute für Verwandte und Freunde kostbarer Besitz sind. Wie viele alte Menschen haben wie sie verborgene Talente, wenn nur jemand ihnen helfen würde, sie zu entdecken, und wenn sie sich dann auch daran machten, sie zu üben.

Das Gefühl, man sei zu alt, um das Altsein zu verbessern, kann, genauso wie die Meinung, man schaffe nichts mehr, ein Alibi dafür werden, das nicht zu tun, was man tun könnte. Nur die Verzweiflung sagt: »Es ist zu spät.« Und hinzu kommt noch, daß der Christ übernatürliche Hilfe hat, die ihn befähigt, alles zu tun, was Gott will. »Ich vermag alles durch den, der mich mächtig macht, Christus« (Phil 4,13).

### Auch im Alter wachsen

Die Fachleute sind übereinstimmend der Meinung, daß, wenn nicht eine schwere Krankheit oder Behinderung vorliegt, *der normale Mensch in jeder Altersstufe lernen kann, zu wachsen und zu reifen.* Wer eine gewisse Intelligenz hat, behält sie auch im Alter, selbst wenn sein Denken etwas langsamer wird.

Man hat einmal eine Gruppe von ehemaligen Soldaten nach 42 Jahren den gleichen Intelligenztest machen lassen wie am

Anfang ihrer Laufbahn. Und das Ergebnis? Ihr Intelligenzquotient war höher als in ihrer Jugend! Selbst wenn die körperliche Leistungsfähigkeit nachläßt, können Menschen noch wachsen.

Gott sei's gedankt, der Mensch kann wachsen!
Er hat es nicht nötig,
den Blick nach unten, auf der Erde zu kriechen.
Und wenn er auch niedrig begonnen hat,
Gott sei's gedankt, der Mensch kann wachsen!

Verfasser unbekannt

Die bekannten Gesetze geistigen und geistlichen Wachstums — wenn wir uns nur die Mühe machen, nach ihnen zu leben — gelten bis ans Lebensende, selbst wenn manches etwas langsamer geht. Zielstrebigkeit ist nicht das Vorrecht der Jüngeren! Nicht die Jahre machen uns alt. Wir altern, weil wir innerlich nicht wachsen.

Meine erste Frau starb nach langer Krankheit an Krebs. Es war ungefähr zehn Tage vor ihrem Tode. Ich versuchte, ihr so viel Erleichterung zu verschaffen wie noch möglich, und sie wußte, daß ihr Ende nahe war. Einmal wandte sie sich zu mir und sagte: »Mach es mir nicht zu leicht, Liebster, ich muß noch weiter wachsen.« Sie hätte sich auch ganz auf ihr Leiden konzentrieren können. Statt dessen kam durch, was all ihre Jahre geprägt hatte — das Leben mit Gott und das Bemühen, Christus ähnlicher zu werden. Diesem Streben blieb sie bis zum Ende treu.

Kürzlich nahm ich an der diamantenen Hochzeit eines blinden Mannes teil, mit dem mich seit über 50 Jahren eine enge Freundschaft verbindet. Eine seiner hervorragendsten Charakterzüge ist sein unstillbarer Hunger nach Gottes Wahrheit. Für neues Material ist er weitgehend auf das angewiesen, was ihm vorgelesen wird, aber mit seinen 85 Jahren ist er geistig genauso interessiert und beweglich wie damals, als ich ihn kennenlernte. Er ist ein leuchtendes Beispiel für die Behauptung, daß die sichersten Kennzeichen inneren Wachstums der offene Geist und die Suche nach Wahrheit sind.

Der berühmte Indienmissionar Dr. E. Stanley Jones war in seinem hohen Alter ein hervorragendes Beispiel für das, was er gelehrt hatte. Er schlug folgende Schritte vor, damit ein Mensch auch im Alter weiter wachsen kann:

1. Ziehe dich nicht zurück. Wechsle deine Tätigkeit... tu, was du schon immer tun wolltest.
2. Lerne jeden Tag etwas Neues.
3. Sorge dafür, daß du jeden Tag einem Menschen freundlich begegnest.
4. Erlaube es dir nicht, negativ zu werden, sei positiv.
5. Suche jeden Tag etwas, wofür du dankbar bist. Dann wird die Dankbarkeit zur Gewohnheit.
6. Jetzt, wo deine körperliche Aktivität nachläßt, steigere deine geistliche Aktivität. Das Alter bietet zusätzliche Möglichkeiten zum Gebet.
7. Wenn die Jahre kommen und gehen, sammle die guten Vorräte an, von denen Jesus sprach. Dieser gute Vorrat enthält alle Gedanken, Motive, Handlungen und Einstellungen, die wir unserem Unterbewußtsein anvertrauen. Das kann der tiefe Boden sein, in den wir im Alter unsere Wurzeln schlagen und am Ende blühen können wie eine nachts blühende Cereus.[1]

Wenn wir einmal die Pubertät erreicht haben, nehmen unsere grundlegenden geistigen Fähigkeiten nicht mehr zu, aber sie nehmen auch nicht notwendigerweise ab, wenn aber doch, dann vielleicht ganz spät im Leben. Aber mit zunehmendem Alter entdecken wir durch Lernen und Erfahrung, wie wir unsere geistigen Fähigkeiten besser nutzen können. Das kann bis zuletzt so bleiben, und dann kann aus unserem Wissen Weisheit werden.

**Je älter, desto besser**

Man hat mit Recht behauptet, daß, vorausgesetzt ein Mensch ist nicht schwer erkrankt, seine geistigen Fähigkeiten mit zunehmendem Alter wachsen. Er sieht weiter, seine Ansichten sind gereifter, er tritt dem Leben weiser und realistischer gegenüber.

Es gibt Zahlen, die belegen, daß die produktivste Periode dem Ende des Lebens viel näher liegt als seinem Anfang. Die Zeitschrift *Sunshine Magazine* berichtet von den Ergebnissen einer Untersuchung an über 400 berühmten Männern aus den verschiedensten Lebensbereichen. Die Ergebnisse waren überraschend. 35 Prozent der größten Leistungen wurden von 60-70jährigen erbracht, weitere 23 Prozent von 70-80jährigen, 6 Prozent von Männern über 80, also wurden insgesamt nicht weniger als 64 Prozent der größten Leistungen der Welt von Menschen über 60 erbracht.

Die Ergebnisse dieser Untersuchung sind für uns, was die Zukunft angeht, ein wahrer Trost. Ja, unsere körperlichen Kräfte sind ein Stück weit verschlissen, und Shakespeares unbarmherzige Karikatur der sieben Lebensstufen des Menschen mag auf manchen zutreffen, muß es aber durchaus nicht.

Es gibt sie einfach nicht, diese klaren sieben Lebensstufen. Keiner altert genauso schnell oder langsam wie der andere, und es gibt auch kein für alle gültiges Muster. Einige Menschen, die ursprünglich weniger Schwung und Energie hatten, werden doch langsamer alt als manche, die mit diesen das Altern verlangsamenden Kräften reichlicher ausgestattet waren.

Ganz gleich, wie alt Sie als Leser gerade sein mögen, Sie können noch eine Menge dafür tun, daß Sie die Ihnen verbleibenden Jahre genießen können. Wie deutlich ist doch bewiesen worden, daß man bis zum Ende schöpferisch sein kann, selbst wenn die Bühne des Lebens kleiner wird. Grandma Moses wurde als Malerin weltberühmt, obwohl sie ihre Karriere erst mit 75 begann.

Um das Alter zu einem Erfolg werden zu lassen, darf man

es nicht hinausschieben, man muß es früher beginnen lassen! Aber selbst wenn wir das versäumt haben, gibt es noch Besseres zu tun als nichts. Lassen wir uns von William Carey's Motto herausfordern:

»Unternimm Großes für Gott. Erwarte Großes von Gott« (Jes 54,2).

Am Schluß seines Buches über das Altwerden beschrieb Robert Kastenbaum, Professor der Psychologie an der Universität von Massachusetts, wie er sich selbst auf sein Alter einstellt:

Es gab in meinem Leben eine Zeit, wo es mir fraglich war, ob es sich lohnte, alt zu werden. Jetzt nicht mehr. Ich möchte das Altwerden genauso wenig versäumen, wie ich hätte auf Kindheit und Jugend verzichten mögen. Aber ich fühle eine wachsende Verantwortung für das, was ich dann sein werde, und für die Menschen, die dann meinen Lebensweg kreuzen werden. Wenn ich alt werde, was für ein Mensch werde ich dann sein? Die Antwort auf diese Frage hängt weitgehend davon ab, was für ein Mensch ich jetzt bin. Denn Altwerden ist der immer andauernde Prozeß der Selbstverwirklichung im Ablauf des Lebens.[2]

### Mit Achtzig fängt das Leben an

Benjamin Rivie, ein kanadischer Missionar der China-Inland-Mission, schied mit 70 aus dem Missionsdienst aus und ließ sich in Toronto nieder. Mit 80 entschloß er sich, Griechisch zu lernen, weil er in jüngeren Jahren keine Gelegenheit dazu hatte. Und er schaffte es, sein NT in Griechisch zu lesen. Mit 90 nahm er am Baptistischen Theologischen Seminar in Toronto an einem Wiederholungskurs in Griechisch teil. Als er 100 geworden war, traf ich ihn bei einem Vortrag, den ich hielt. In seiner Tasche hatte er ein kleines, abgenutztes griechisches Lexikon, mit dem er seine Griechischkenntnisse aufpolierte, wenn er U-Bahn fuhr. Wenn er auch schon 100 war, so wollte er doch Gott auch geistig noch das Beste geben.

Canon C. H. Nash, der das Melbourne Bible Institute gründete und dort 1000 junge Männer und Frauen für den Dienst Christi ausbildete, gab mit 70 seine Stellung als Direktor auf.

Als er 80 war, erzählte er mir, daß er vom Herrn die Gewißheit erhalten hätte, daß vor ihm noch mehrere Jahre fruchtbaren Dienstes lägen. Und so traf es auch ein. Bis ins 91. Lebensjahr tat Canon Nash einen überaus gesegneten biblischen Lehrdienst an Geistlichen und Laien in Schlüsselpositionen, und das waren zweifellos die fruchtbarsten Jahre seines Lebens. Als er 90 war, stellte ich fest, daß er gerade den sechsten Band von Toynbees monumentaler Darstellung der Weltgeschichte zu Ende gelesen hatte, zu seinem Vergnügen und um geistig fit zu bleiben! Wie Kaleb überwand er die Natur und wuchs bis zu seinem Ende.

Stanley Jones schreibt mit 70, daß er die Zusicherung von Gott empfing: » ›Ich werde dir die besten zehn Jahre deines Lebens geben! ‹ Eines dieser Jahre ist nun um, und es war buchstäblich das beste. Ich erwarte also, daß die nächsten Jahre genauso gut sind — oder besser.«

Was er erwartete, traf voll ein.

### Das Geschenk der Freundschaft

Dauerhafte Freundschaften zu schließen und sie zu erhalten, ist eine der besten Vorbereitungen für die unausbleiblichen Prüfungen des Alters. Wenn man in Zeiten der Prüfung um die Liebe, die Hilfe und die Gebetsunterstützung guter Freunde weiß, dann ist das mehr als man mit Geld bezahlen kann.

Es ist mehr als ein Körnchen Wahrheit in dem Satz, daß man an seinen Freunden erkennen könne, was für ein Mensch jemand ist. Und je älter man wird, desto wertvoller werden gute Freunde. Wenn der Lebenskreis enger wird, sind die Freunde unserer früheren Jahre, die viele Erfahrungen mit uns gemeinsam gemacht haben, besonders wertvoll. Im Alter sind die besten Freunde in der Regel die, mit denen man schon in früheren Jahren Freundschaft schloß.

Einige haben wie der Apostel Paulus die Gabe, Freundschaft zu schließen, andere finden es schwer, eine enge Beziehung zu Menschen aufzubauen und zu erhalten. Aber das muß nicht immer so sein. Das Gebet und die Bereitschaft, zu einer Freundschaft den ersten Schritt zu tun, wird oft reich belohnt werden. Natürlich ist das eine Sache, um die man sich schon früher im Leben hätte bemühen sollen, aber lieber spät als nie.

Wenn immer mehr unserer alten Freunde sterben, sollten wir auch bereit sein, neue Bande der Freundschaft und der Gemeinschaft zu jüngeren Menschen zu knüpfen, die unsere Ansichten jung erhalten. Die tiefe Freundschaft des Paulus mit Timotheus ist das klassische Beispiel einer echten Freundschaft zwischen jung und alt. Wie bereichernd war sie für den jungen Timotheus und wie tröstlich für Paulus in seinem Alter!

Freundlichkeit schafft Freundschaft. Freundschaft ist keine Einbahnstraße, und man muß etwas für sie tun. Wer schüchtern ist, dem fällt es schwer, sich einem anderen zu nähern — aber soll man immer erwarten, daß der andere den Anfang macht? Freundschaften werden auf dem Amboß geteilten Vertrauens geschmiedet; wir müssen uns öffnen, wenn wir es von anderen erwarten. Wir alle haben etwas zu geben, was das Leben anderer bereichern kann.

Es war ein guter Rat, den Polonius seinem Sohn gab:

Den Freund, der dein, und dessen Wahl erprobt,
mit ehr'nen Reifen klammr' ihn an dein Herz.[3]

Salomo sagt: »Ein Freund liebt allezeit«, fügt aber später hinzu: »Ein treuer Freund liebt mehr und steht fester bei denn ein Bruder« (Spr 17,17; 18,24).

Der wahre Wert einer Freundschaft zeigt sich, wenn wir älter werden. Was nur oberflächlich war, fällt weg, aber der wahre Freund bleibt. Aber selbst, wenn unsere irdischen Freunde uns verlassen, sind wir sicher, daß der himmlische Freund bis zum letzten Augenblick zu uns steht.

## Anmerkung

[1] E. Stanley Jones, Growing Spiritually, Abingdon, Nashville 1953, S. 313.
[2] Robert Kastenbaum, Growing Old, Nelson, Melbourne 1979, S. 121.
[3] Shakespeare, Hamlet, 1. Akt, 3. Szene. Übersetzung W. von Schlegel.

Die Einstellungen zum Alter sind so unterschiedlich, weil die Menschen nach Charakter und Lebenseinstellung unterschiedlich sind. Einigen erscheint das Alter nur negativ, und sie reagieren aufs Altwerden eher abwehrend. Andere haben eine positive Lebenseinstellung, und sie treten dem Alter eher optimistisch entgegen.

Die erste Gruppe konzentriert sich auf die durchaus realen Probleme, die das Alter verdunkeln, wogegen die andere Gruppe über diese Schwierigkeiten hinwegsehen kann auf die Möglichkeiten, Chancen und Vorteile, die das Alter bietet.

Wenn man die Lebensgeschichten solcher Menschen verfolgt, findet man viele, die körperlich sehr behindert sind oder unter großen Schmerzen zu leiden haben. Sie haben irgendwie gelernt, Quellen der Kraft nutzbar zu machen, die es ihnen ermöglichen, sich über ihre Behinderungen zu erheben und ein überaus nützliches Leben zu führen.

Diese frohgemuten Menschen haben sich an die starkmachende Wahrheit gehalten, daß der Wille Gottes — wozu auch das Altern gehört — »gut, wohlgefällig und vollkommen ist« (Röm 12,2). Sie haben dieses Wort in seiner vollen Bedeutung und buchstäblich als Wahrheit angenommen *für ihr Leben*. Und das ist eben der Unterschied.

Es ist verhältnismäßig einfach, eine Tatsache *theoretisch* als wahr anzuerkennen. Etwas ganz anderes ist es, eine Tatsache als *für einen selbst* gültig anzuerkennen und danach zu leben. Wenn Gottes Wille gut, wohlgefällig und vollkommen ist, dann ist es nur logisch, daß Klagen unberechtigt sind und Rebellion sinnlos ist. Wenn Gottes Wille wohlgefällig ist, dann muß er uns gefallen. Wenn er vollkommen ist, dann können wir es nicht besser machen. Wer Gottes Willen von Herzen annimmt, der wird gelassen. Das ist keine graue Theorie, viele Menschen haben es durch ihr Leben bewiesen.

Einer von ihnen war John Quincy Adams, der sechste Präsident der USA.[1] Als er schon sehr alt war, fragte ihn jemand, wie es ihm gehe. Er antwortete: »Danke sehr, mein Herr, John Quincy Adams geht es sehr gut, nur das Haus, in dem er lebt, geht in die Brüche. Die Jahre haben es mitgenommen, sein Dach ist undicht, die Wände sind wackelig. Es zittert bei jedem Windstoß. Ich vermute, John Quincy Adams wird bald ausziehen müssen. Ihm selbst aber geht's sehr gut.«[2]

Wir alle wissen, daß Altern so unausweichlich ist wie das Aufeinanderfolgen von Sommer und Winter, deswegen ist es weise, dem mit Realismus *und* mit Optimismus zu begegnen. Es muß unser ureigenstes Interesse sein, eine Lebenseinstellung zu entwickeln, die das Beste aus dem Altwerden macht. Dann werden wir vor dem so weitverbreiteten trüben Pessimismus bewahrt.

So wie jede Jahreszeit ihren eigenen Reiz hat, so hat auch jedes Alter seine eigene Schönheit. Wir alle vergehen wie Laub. Aber gibt es etwas Schöneres als ein purpurfarbenes Ahornblatt im Herbst? Manchmal findet man im Leben eines alten Christen, der sein ganzes Leben im Licht des Angesichtes Gottes gelebt hat, eine seltene Schönheit. Das Alter ist genauso wie die Jugend ein wichtiger und sinnvoller Teil des vollkommenen Gotteswillens, und Gott ist an den Alten ganz genauso interessiert wie an den Jungen.

## Unterentwicklung

In unserer Jugend liegen gewaltige Möglichkeiten. Die Jugend ist das große Kapital der Gemeinde Gottes, und sie muß ermutigt und gefördert werden. Aber das Wissen, die Erfahrung und der Glaube der älteren Christen sind auch ein großes Kapital, weitgehend ungenutzt zudem. Gott wird auf Erden besser wirken können, wenn diese verborgenen Quellen freigelegt und genutzt werden. Heute ist der Beitrag der älteren Mitarbeiter auf den Missionsfeldern der Welt so wertvoll wie noch nie.

Die Bibel ist ein realistisches Buch, das die Dinge so beschreibt, wie sie wirklich sind. Sie berichtet von Niederlagen genauso ehrlich wie von Siegen. Jesus hat nie so getan, als führe der Weg zum Himmel durch einen Rosengarten. Die Bibel sieht auch das Alter realistisch. Die verschiedenen Verfasser versuchen nicht, die weniger angenehmen Seiten des Alters zu übergehen, aber immer und immer wieder zeigen sie den gewaltigen Unterschied auf, ob ein Mensch im Alter mit Gott lebt oder ohne ihn.

Für manche ist das Alter vergnüglich und angenehm, für andere ist es schmerzhaft und voller Schwermut. Einige werden gerne alt, anderen graut davor. Die einen nehmen es an, andere rebellieren dagegen, und unter ihnen findet sich das meiste Unglücklichsein. Die einen finden es anregend und heiter, andere langweilig. »Ich bin nicht so alt wie meine Arterien, nur so alt wie meine Ansichten«, sagte ein alter Mann.

Daß sich im Zuge des Alterns Leib und Seele verändern, ist eine Tatsache, die wir einfach annehmen müssen. Wenn wir diese unausweichlichen Veränderungen annehmen können, ohne sie zu übertreiben und ohne so dumm zu sein, sie zu ignorieren, dann ersparen wir uns viele Mühen.

»Der Trick mit dem Altwerden ist der«, so sagte jemand, »man muß zugleich realistisch und optimistisch sein.« In diesem Buch soll nicht blindem Optimismus das Wort geredet werden. Das würde dem Leben ganz und gar nicht entsprechen, denn zunehmendes Alter bringt wachsende Probleme und oft Schmerzen und Leid. Selbst wenn man, wie die »Christlichen Wissenschaftler« es tun, die Realität dieser Probleme verneint, so sind sie deswegen doch nicht weniger wirklich.

Der christliche Glaube aber macht jedem Gläubigen eine ganze Menge Möglichkeiten zugänglich. Wer sie in Anspruch nimmt, kann über diese Widerwärtigkeiten siegen, wenn der Weg zum Sieg auch manchmal über Niederlagen führt.

## Zufriedenheit lernen

Es ist nicht bedeutungslos, daß Paulus schrieb:

»Denn *ich habe gelernt*, mich in jede Lage zu fügen« (Phil 4,11).[3] Er schrieb nicht: »Ich bin immer in jeder Lage zufrieden gewesen.« Denn für ihn war es, genauso wie auch für uns, ein schmerzhafter Prozeß des Lernens in der Schule des Leidens. Wesentlich ist aber dabei, daß Paulus das Examen bestand. In derselben Schule lernte auch der Sohn Gottes den Gehorsam (Hebr 5,8).

Niemand soll denken: in einer Minute
sei alles geschafft, und das Werk sei getan.
Wenn du auch anfängst ganz frühe am Morgen,
so geht's erst zu Ende, wenn die Sonne dir sinkt.

F. W. H. Meyers

Jesus Christus vergleicht das Leben des Christen mit einem breiter und tiefer und wasserreicher werdenden Fluß, der hinabfließt ins Meer. Das ist für den älter werdenden Christen ein ermutigendes Bild. Es gibt keinen Grund, warum unsere letzten Jahre nicht genauso schön, anregend und fruchtbar sein sollen wie unsere frühen Jahre. Wir können ein Leben führen, das reicher wird, das zunimmt und nicht abnimmt. Das sind die verlockenden Worte Jesu:

> Jesus trat auf und rief: Wen da dürstet, der komme zu mir und trinke! Wer an mich glaubt, wie die Schrift sagt, von dessen Leib werden Ströme lebendigen Wassers fließen. Das sagte er aber von dem Geist, den die empfangen sollten, die an ihn glaubten (Joh 7,37-39).

Wer so lebt, läßt sich von den Jahren nicht besiegen. Er ist entschlossen, das Alter zu meistern und sich von ihm nicht besiegen zu lassen. Er nimmt die Hilfe anderer an, aber nur, wo es wirklich nötig ist. Er ist dankbar, nachdenklich und auch in

Schwierigkeiten fröhlich. Sein Schwung und seine Spannkraft sind eine große Ermutigung für seine Zeitgenossen, die versuchen, sein Geheimnis zu entdecken.

Sylvester Horn, ein hervorragender Prediger der letzten Generation, sprach einmal vor einer Versammlung älterer Leute. Seine Zuhörer waren also etwa gleich alt wie er. Als später jemand fragte, über welchen Text er gepredigt habe, lud er die Leute ein, einmal zu raten.

»Am Abend wird es Licht«, schlug jemand vor.

»Nein. Raten Sie noch einmal.«

»Kommt her zu mir, die ihr mühselig und beladen seid, ich will euch Ruhe geben.«

»Nein«, war wieder die Antwort.

Über welchen Text hatte er gepredigt? *»Um die elfte Stunde* aber ging er aus ... und sprach zu ihnen: ...Gehet ihr auch hin in den Weinberg« (Mt 20,6-7).[4]

Da viele von uns schon die elfte Stunde erreicht haben, fordert uns der Meister heraus und ermutigt uns, bis zuletzt für ihn zu arbeiten. Selbst jetzt ist es noch nicht zu spät anzufangen! Denken wir daran, daß die, die zur elften Stunde zu arbeiten begannen, den gleichen Lohn erhielten wie die, die am Morgen anfingen. Was für eine wunderbare Gnade!

Es gibt allerdings ältere Menschen, deren Lebenseinstellung eindeutig negativ und pessimistisch ist. Sie wehren sich gegen graues Haar und Runzeln, und weil sie versuchen, ihr Alter vor sich und anderen zu verbergen, kleiden und benehmen sie sich, als wären sie jung. Aber wer sich weigert, alt zu werden, ist genauso töricht wie der, der immer Kind bleiben will.

Eine dankbare und fröhliche Lebenseinstellung kann den größten Unterschied zwischen Freude und Elend bedeuten! Wir haben keine Wahl, wir müssen alt werden. Aber wie wir unser Alter verbringen, das ist einzig und allein unsere Wahl.

Wie wir den Tag beginnen, kann den ganzen Tag prägen. Nach unserer Heirat lebte mein Vater einige Zeit bei uns. Eines Tages sagte meine Frau: »Man merkt sofort, wenn Großvater aufsteht, denn in dem Augenblick, wo er den Fuß aus dem Bett setzt, fängt er an zu singen.« Es gibt wahrlich schlechtere Möglichkeiten, den Tag zu beginnen!

Ein guter Bekannter von mir, Harold St. John, war ein besonders ausgeglichener Mensch. Es beeindruckte mich sehr, als er das Morgengebet im Familienkreis an einem grauen Morgen so beendete: »Und nun, Herr, beginnen wir vergnügt diesen neuen Tag.« Der Tag war trübe, aber nicht seine Einstellung dazu.

Viele Menschen fühlen sich am frühen Morgen nicht gerade in Hochform, aber wenn man Trübsinn und Elend Raum gibt, erreicht man gar nichts. Wer dagegen bewußt eine positive Einstellung der Freude in Gott wählt, der hat schon viel vom Trübsinn besiegt.

Unser Meister gab ein leuchtendes Beispiel dieser Einstellung, als er auf dem Weg zum Kreuz war. Markus berichtet, daß Jesus und seine Jünger nach dem Abendmahl den Lobgesang sprachen und dann hinausgingen an den Ölberg (Mk 14,26).

Können wir feststellen, welchen Gesang Jesus mit seinen Jüngern anstimmte? Ja, wir können es, denn es war jüdische Sitte, nach dem Passahmahl Psalm 118 zu singen. Wenn wir den Psalm nachdenklich und andächtig in diesem Licht lesen, gewinnen wir neue Einsichten in die Herrlichkeit des Erlösers.

Wenn wir uns klar machen, daß Jesus, als er diesen Psalm sang, auf dem Weg zum Kreuz war, dann bekommen die von uns oft so leicht gesprochenen Worte »Dies ist der Tag, den der Herr macht; lasset uns freuen und fröhlich darin sein« (Ps 118,24) eine ganz neue und schmerzhafte Bedeutung.

Wenn Jesus je Grund gehabt hätte, verzagt und bekümmert zu sein, dann wäre jetzt die Zeit dafür gewesen. Aber statt dessen ging er den Weg zum Kreuz mit einem Gesang der Annahme des Willens Gottes auf den Lippen. Und damit hinterließ er uns ein Beispiel, dem wir folgen sollten.

## Frieden durch Annahme

Oft hört man die Ermahnung »Gib dich doch zufrieden«, und das sicher nicht zu Unrecht. Der Satz ist biblisch fundiert, und nirgendwo ist der Satz besser angebracht als in bezug aufs Alter.

Während ich dieses Kapitel schrieb, sandte mir ein Bekannter, der von einem tragischen Todesfall betroffen war, den Satz: »Da, wo ich mir mit der Frage nach dem › Warum? ‹ das Herz zerreißen wollte, habe ich gelernt, wieder auf den alten Satz »Im Annehmen liegt der Friede« zurückzukommen. Es ist eigenartig, wie mich dieser Satz im Leben begleitet hat, denn er paßt für viele Situationen.«

Leicht ist es, diese Worte auszusprechen. Aber schwerer ist es, die Einstellung zu lernen. Wenn man jemandem sagt: »Alt werden ist etwas, das man nur einfach annehmen muß«, dann ist das platt und lieblos, denn mit jedem Jahr wird das Problem des Alterns vielfältiger. Aber wenn man das Alter *wirklich* annimmt, dann hat das weitreichende Konsequenzen. Das Alter anzunehmen bedeutet nicht, sich resigniert ins Unvermeidliche zu schicken, sondern es bedeutet, in allen Bereichen zum Leben mit seinen Problemen ja zu sagen.

Amy Carmichael[5], Begründerin einer bedeutenden Missionsarbeit in Dohnavur in Südindien, die für Gott und das indische Volk Bedeutendes leistete, obwohl sie viele Jahre lang infolge ihres Leidens nicht einmal ihr Zimmer verlassen konnte, betont, daß der sein Los annimmt, der mit Herz und Sinn sagen kann, daß das Gottes guter und angenehmer und vollkommener Wille ist. Und diese Haltung unterscheidet sich himmelweit von der des Stoikers oder der des Fatalisten.

Was es bedeutet, sein Los als den guten Willen Gottes anzunehmen, wird im Leben von Emma Piechynska, der Frau eines sadistischen polnischen Grafen, sichtbar. In ihrer Biographie heißt es: »Sie verbreitete keine Atmosphäre trauernder Resignation oder schwermütiger Unterwerfung. Jedes neue Leiden war eine Herausforderung für ihren Willen. Mit Unterwerfung allein kann man Leiden nicht begegnen. Leid muß bewußt getragen werden, und jede Erfahrung ist das wert, was sie kostet.«[6]

Die freudige Annahme des Gotteswillens drückt sich in einem Gedicht von Madame Jeanne de la Mothe Guyon aus, die wegen ihres evangelischen Glaubens zehn Jahre in der Pariser Bastille gefangengehalten wurde.

Ein kleiner Vogel bin ich,
der keine Freiheit hat.
In meinem Käfig sing ich
dem, der mich dorthin tat.
  Ich bin es zufrieden, gefangen zu sein,
  denn das ist, o Gott, ja der Wille dein.
Nichts hab ich sonst zu tun.
Ich sing den ganzen Tag.
Und er, der mir das Liebste ist,
mein Singen gerne mag.
  Er lockte mich und fing mich ein
  Und neigt sich doch zum Singen mein.
Da kann ich überfliegen
die Riegel und das Tor,
hinauf zu ihm, des Lieben,
geht mir vor allem vor.
  In deinem Willen finde ich
  die Freude, die Freiheit des Geistes für mich.

Bei solch einer Lebenseinstellung ist es nicht überraschend, daß es den Behörden nicht gelang, diese unbezwingbare Frau zur Unterwerfung zu bringen.

Sie schrieb: »Ich wünsche nicht, daß meine Gefangenschaft endet, bevor ihre Zeit erfüllt ist. Ich liebe meine Ketten. Meine Sinne haben dafür nichts übrig, aber mein Herz ist davon getrennt und über sie hinausgetragen.«

Wenn wir in unseren letzten Jahren Freude und Heiterkeit erleben wollen, müssen wir unser Alter fröhlich annehmen und alles Nötige dafür tun, eine positive und fröhliche Einstellung zum Leben zu behalten. Es sollte ganz klar unser Ehrgeiz sein, die letzten Jahre zu den besten zu machen. Und warum sollten sie es denn nicht werden? Hat Gott nicht gesagt, als Israels Kräfte nachließen: »Ich will euch mehr Gutes tun als je zuvor« (Hes 36,11)?

In einem seiner Bücher betont Paul Tournier die Wichtigkeit der Annahme des Alters. Aber Annahme bedeutet für ihn weder Apathie noch Passivität. Wer nur vor dem Unausweichlichen kapituliert, kann nicht fröhlich sein. Aber wenn wir unser Alter realistisch annehmen, dann wird das unseren Ehrgeiz anstacheln, aus den verbleibenden Jahren oder Monaten das Beste für Gott und für die Menschen zu machen.

Wer über die Schwierigkeiten des Alterns triumphieren will, muß sie erst einmal annehmen. Dann kann er auch die neuen Stufen erfüllten Lebens entdecken, die nur durch die Zahl der Lebensjahre ermöglicht werden.

## Alt werden

Viele meinen, der Übergang ins Alter sei eine der schwierigsten Lebensphasen. Aber auch diese Phase kann optimistischer gesehen werden, denn die Prüfungen dieser Übergangszeit bieten dem reifenden Christen sehr gute Gelegenheiten zu weiterem geistlichen Wachstum. Mit wie vielen neuen und oft schwierigen Situationen muß und kann man da fertig werden! Denn unsere Auflehnung gegen die Schwäche und das Nachlassen der Kräfte kann in geistliche Reife verwandelt werden.

Was für gewaltige Leistungen haben doch alte und körperlich gebrechliche Menschen vollbracht! John Milton und Beethoven, um nur zwei Beispiele zu nennen, ließen sich von ihrer Gebrechlichkeit nicht unterkriegen und waren auch nicht bereit, ihr seelisch-geistiges Alter vom Alter ihres Körpers bestimmen zu lassen.

Viele seiner besten Gedichte schrieb Milton während der

letzten zwanzig Lebensjahre, als er schon völlig blind war. Und Beethoven komponierte einige seiner herrlichsten Werke in seinen letzten Lebensjahren, als er schon völlig taub war. Wieviel ärmer wäre die Welt doch ohne Miltons »Verlorenes Paradies« und ohne Beethovens »Neunte Symphonie«.

Viele mutige alte Leute, die sich der unausweichlichen Probleme des Alters durchaus bewußt sind, sehen diese als Herausforderung an, nicht als Behinderung. Sie leben, wie es zu ihrem psychischen Alter paßt, und transzendieren ihre eigenen Probleme, indem sie in den Nöten anderer Menschen aufgehen.

Die, die ihre Wachheit und Lebendigkeit bis ins hohe Alter behalten, sind nicht die, die sich selbst schonen und verwöhnen, sondern die, die aktiv und diszipliniert leben. Die drei berühmten Missionarinnen der China-Inland-Mission, die die schreckliche Wüste Gobi durchquert und dabei viel zu erleiden hatten, besuchten im fortgeschrittenen Alter mehrere Herkunftsländer ihrer Mitarbeiter im Dienst. Wenn die Versammlungen nicht in Kirchen, sondern in Häusern stattfanden, lehnten sie es immer ab, in einem Sessel zu sitzen. Nicht, daß sie Asketen gewesen wären, aber sie rechneten damit, wieder in der rauhen Wüste zu arbeiten. Deswegen erlaubten sie sich nichts, das sie hätte verweichlichen und in ihrer von Gott zugeteilten Aufgabe weniger effektiv hätte machen können. Alle drei erreichten ein hohes Alter und waren bis zuletzt fähige Mitarbeiterinnen. Nicht die Aktivität zerstört die Lebenskraft, sondern die Untätigkeit.

## Anmerkungen

[1] John Quincy Adams (1767-1848), Präsident 1825-1829.

[2] Henry Durbanville, The Best is Yet to Be, B. Mc Call Barbour, Edinburgh 1959, S. 12.

[3] Zitiert nach Gute Nachricht.

[4] Henry Durbanville, The Best is Yet to Be, S. 50.

[5] Sie begann mit der Gründung eines Heimes für Mädchen, die in die Prostitution verkauft werden sollten. Einer ihrer Schwerpunkte war die Schwesternschaft von Dohnavur, deren unbestrittene Führerin sie auch blieb, als sie die letzten 20 Jahre ihr Zimmer nicht mehr verlassen konnte. Ihre Lebensgeschichte wird beschrieben in: Frank Houghton, Amy Carmichael von Dohnavur, Brockhaus Taschenbuch 30, Wuppertal 1961.

[6] Olive Wyon, Emma Piechynska, Hodder and Stoughton, London.

Mancher denkt bei dem Stichwort »Ruhestand« an grenzenlose Freizeit und freut sich auf die Zeit. Anderen bereitet das Wort Furcht und Schrecken, denn sie können sich nicht vorstellen, wie sie dann die plötzlich auf sie zukommende Freizeit ausfüllen sollen.

Da jeder früher oder später in irgendeiner Weise »pensioniert« wird, wäre es unweise, die Sache zu ignorieren und zu tun, als träfe das Ereignis nie ein. Wir sollten uns ehrlich und frühzeitig damit beschäftigen und Pläne machen, damit diese Zeit schön, nützlich und sinnvoll wird. Mit welcher inneren Einstellung wir auf dieses krisenhafte Ereignis zugehen, bestimmt weitgehend, wie gut oder schlecht unsere Zeit als Rentner werden wird.

Der Ruhestand hat den Charakter von etwas Endgültigem, und das wirkt oft schockierend. Man altert langsam, aber die Pensionierung kommt plötzlich. Gestern gingen Sie noch wie an jedem Tag zur Arbeit, heute sind Sie Rentner. Kaum einem bleibt da eine Wahl. Für manche tritt das Ereignis durch Kündigung oder Sozialplan noch früher ein, und es sind wirklich nur wenige, denen das nichts ausmacht. Viele müssen in Rente gehen, obwohl sie eigentlich noch gar nicht wollen.[1]

Gewisse Begleiterscheinungen sind es, die den Rentnerstand oft so traumatisch machen. Eine davon ist der Verlust an sozialem Status, der zu geringerem Selbstwertgefühl führt. Gewohnte Autorität abgeben zu müssen und damit auch den Respekt zu verlieren, der einem entgegengebracht wurde, das spürt man schon; denn jetzt gibt jemand anders die Anweisungen.

Der Ruhestand ist wie eine Wasserscheide, an der man merkt, daß jetzt wirklich das Alter beginnt. Vom nächsten Tag an fühlt man sich bedeutend älter, obwohl man ja nur die Berufstätigkeit gewechselt hat, ohne daß man sich in dem einen Tag als Persönlichkeit verändert hätte.

Die Tatsache, daß das Berufsleben vorbei ist, führt fast unweigerlich zu dem Gefühl, daß die so mühsam erworbene Erfahrung jetzt wertlos ist und nichts Kreatives mehr geschehen kann.

Eine andere Folge ist der geringer werdende Kontakt zur Gesellschaft, so daß der einzelne oft kein Ziel mehr hat und sich nutzlos vorkommt. Wie vermißt man das fröhliche und freundliche Plaudern, das so oft die Arbeit begleitete.

Wenn die Kinder das Elternhaus verlassen, bewirkt das für die Mutter oft die gleichen emotionalen Krisen wie die Pensionierung für den berufstätigen Mann. Wie ist das Haus plötzlich so leer! Ihr Leben, das bisher so geschäftig war, scheint nun viel weniger sinnvoll.

Und wenn ein Ehepaar so töricht war, sein Leben und sein Alter ganz auf die Familie zu bauen, wird der Auszug der Kinder eine ganz besonders schwere Krise hervorrufen. In unserer unbeständigen Zeit ist es einfach meist so, daß die Familienangehörigen auseinanderziehen. Vor vielen Jahren sagten mir zwei meiner Freunde, daß sie nicht vorhätten, ihr Alter auf ihre Kinder aufzubauen, denn das ergäbe zu viele Unwägbarkeiten. Obwohl ihre Kinder dann zufällig in ihrer Nähe wohnen blieben, war es doch eine weise Voraussicht.

Wer all die Jahre den Beruf in den Mittelpunkt seines Lebens gestellt hat, für den wird die Pensionierung ein echtes Trauma sein. »Wessen Leben keinen anderen Inhalt als den Beruf hatte, der wird den Pensionierungstod erleiden«, schreibt Paul Tournier.[2] Je vielfältiger seine Interessen waren, desto leichter wird ein Mensch mit dem Pensionierungsschock fertig.

Der Eintritt in den Ruhestand löst eine Menge Ängste aus, die die letzten Lebensjahre überschatten können, wenn man nicht sofort entschlossen gegen sie angeht. Es mag die Angst sein, mit dem geringeren Einkommen nicht auskommen zu können, oder die Angst vor der Einsamkeit, weil man liebe, gewohnte Kontakte verliert. Es kann auch die Angst vor zunehmender Schwäche sein oder die Angst vor der vielen Freizeit. Besonders schlimm ist die Angst, kein Auto mehr fahren zu können, weil es zu teuer ist oder weil der Arzt geraten hat, den Führerschein abzugeben.

Das sind sehr schmerzliche und ernstzunehmende Ängste, aber Paulus versichert uns, daß »Gott uns nicht gegeben hat den Geist der Furcht, sondern der Kraft und der Liebe und der Besonnenheit« (2. Tim 1,7). Vollkommene Liebe treibt die Furcht aus (1. Jh 4,18). Wenn die Angst uns packen will, können wir uns auf die göttliche Verheißung verlassen:

> Denn der Herr hat gesagt: »Ich will dich nicht verlassen und nicht von dir weichen.« So können auch wir getrost sagen: »Der Herr ist mein Helfer, ich will mich nicht fürchten; was kann mir ein Mensch tun?« (Hebr 13,5)

### Negativ oder positiv?

Ob man das Leben im Alter genießen kann, hängt davon ab, ob man eine negative oder positive Einstellung dazu hat. Es gibt die Haltung, die die Pensionierung so lange wie möglich hinausschiebt, und wenn sie dann doch nicht mehr zu verhindern ist, darüber böse ist. Wer diese Einstellung hat, klammert sich an seinen Posten und lehnt auch dann jeden Gedanken an eine mögliche Pensionierung ab, wenn seine Fähigkeit, den Anforderungen seiner Arbeit zu genügen, schon deutlich beeinträchtigt ist. Wie viele christliche Werke haben schlimm darunter gelitten, daß gute Männer und Frauen nicht bereit waren, ihre Arbeit in jüngere Hände zu legen und sich an ihr festhielten, auch wenn ihre Fähigkeiten deutlich nachließen. Viele wertvolle Arbeit ist so wieder zerstört worden. Ihr Verhalten verschiebt die Krise nur und verdunkelt nur für sie und andere das Leben. Wenn wir älter werden, sind wir nicht mehr recht in der Lage zu beurteilen, wie wirkungsvoll und für andere annehmbar wir unseren Dienst tun.

Man kann aber auch eine ganz andere Haltung einnehmen und die Rentnerjahre als eine gottgegebene Möglichkeit für neue Abenteuer und Leistungen sehen. Dann ist die Pensionierung nicht das Ende, sondern ein neuer faszinierender Anfang.

> Gib, o Herr, daß auch die letzten Jahre
> meines Lebens mir noch etwas zu tun übriglassen, daß ich Neues lerne und tiefer in die
> Wahrheit eindringe. Laß mich fröhlich
> tun, was ich soll, und dankbar sein für das,
> was noch bleibt.

Nach T. D. Bernard.

Wenn man die positive Seite sieht, kann der Ruhestand unerwartete und lohnende Möglichkeiten bieten für die, die etwas daraus machen können. Wer nichts erwartet, wird wenig finden, aber wer mit Freude und Erwartung an die Sache herangeht, der wird anregende Möglichkeiten entdecken, sich nützlich zu machen, wenn auch auf anderen Gebieten als früher, aber das macht die Sache nur interessant.

Die Begrenzungen des Alters sind ja meist körperlich, und der Geist ist nicht behindert. Jetzt kann sich das Schwergewicht vom *Tun* auf das *Sein* verlagern, aber Sein ist ja nicht weniger wichtig als Tun. Wer allerdings von Natur aus sehr aktiv ist, dem mag das schwerfallen.

Zu beachten ist, daß das Neue Testament, das auf das *Tun* großen Wert legt, dem *Werden* noch größeres Gewicht beimißt. Die Seligpreisungen in Matthäus 5, 1-8 sind weitgehend passiv, und das gleiche gilt auch von den meisten Qualitäten der Liebe, die in 1. Korinther 13 genannt werden. Auch die Eigenschaften, die als Frucht des Geistes in Galater 5, 22-23 aufgezählt werden, sind meist passiv, und jede von ihnen kann sogar im Leben eines Menschen blühen, der vom Hals an abwärts gelähmt ist und keinen Muskel mehr bewegen kann. Ob uns das wohl etwas zu sagen hat?

»Im hohen Alter ist ein Christ besonders einflußreich«, sagt ein Autor, der selbst alt ist, »denn dann kommt seine Reife und seine langjährige Erfahrung erst richtig heraus.«[3] Allerdings muß er dafür vielleicht vom Stuhl der Macht heruntersteigen, aber statt dessen kann er sich auf den Thron der Weisheit setzen.

Früh genug, am besten schon lange vor der Pensionierung, müssen wir lernen, die Ströme unseres Lebens in neue Kanäle zu leiten, damit dies Geschehen uns nicht unvorbereitet trifft. Den Ehrgeiz brauchen wir dabei nicht aufzugeben, nur muß er vielleicht in andere Bahnen gelenkt werden. Der Ehrgeiz, der Paulus trieb, wurde mit den Jahren nicht geringer. Aber wer neben seiner Berufsarbeit nur wenige andere Interessen hatte, der verfällt leicht in Untätigkeit und Faulheit. Und davor müssen wir uns um jeden Preis bewahren.

## Was man im Ruhestand tun kann

Einem Rentner eröffnen sich viele Möglichkeiten. Er hat Zeit, alten Hobbys nachzugehen oder neue Fähigkeiten zu lernen und anzuwenden. Und er wird Zeit haben zur Erholung und zum Spielen.

Ein Bekannter von mir, der gerne mit Holz arbeitet, hat sich eine kleine Werkstatt mit einer Hobelbank und den nötigen Werkzeugen eingerichtet. Er erholt sich dabei und genießt es, sein Können zu entwickeln. Aber nicht nur das, er lädt auch die jungen Leute seiner Gemeinde ein und unterrichtet sie im Arbeiten mit Holz. Damit tut er einen nützlichen Dienst und hat dazu noch die Möglichkeit, ganz natürlich und zwanglos von seinem Glauben Zeugnis abzulegen.

Ein anderer Bekannter, der künstlerisch begabt ist, gibt kostenlosen Zeichenunterricht, bei dem auch Andachten gehalten werden. So kommt er in Kontakt zu vielen, die nicht zur Kirche gehen würden, und sie lernen auch noch etwas dabei.

Für den, der gerne Musik macht, ist das Rentenalter ein Glücksfall. Wieviel Zeit kann er jetzt der Entwicklung seines musikalischen Geschmacks widmen, und wieviel Zeit hat er jetzt zum Spielen. Wenn das Alter auch hier manchmal Schwierigkeiten macht, so können doch viele alte Leute noch sehr überzeugend spielen. Als ich vor kurzem in Amerika war, besuchte ich eine über neunzigjährige Dame in einem Altersheim. Sie spielte mir, ohne Noten, zwei klassische Stücke vor, und sie spielte gut. Sie hatte nie aufgehört zu üben.

Gartenarbeit ist für Pensionäre eine ideale Beschäftigung, angenehm und zugleich nützlich. Viele, die früher die Gelegenheit dazu nicht hatten, trauen sich nicht anzufangen oder meinen, sie hätten keine Freude dran. Ihnen rate ich: Versucht's doch mal, und ihr werdet es faszinierend finden. Gartenarbeit ist ideal für ältere Leute. Es ist ein guter Zeitvertreib, der an die jeweiligen Körperkräfte angepaßt werden kann, und je nachdem, wie man es mag, kann man wenig arbeiten oder viel.

Wer nicht mehr im Garten arbeiten kann, könnte ein kleines Gewächshaus halten, das immer Interessantes zu bieten hat. Und selbst eine Reihe von Blumentöpfen ziert die Wohnung und macht einem selbst und anderen immer wieder Freude.

Jetzt, wo die Preise so steigen, ist weniges so lohnend und oft sogar aufregend wie das Ziehen von Gemüse, Blumen und Sträuchern. Spalierobst und Zwergbäume lassen sich leicht pflegen und bringen erstaunlich gute Ernten. Und außerdem hat die Gartenarbeit den Vorteil, daß sie uns an die frische Luft bringt und in die Sonne.

Für andere bietet der Ruhestand die Chance, zu lernen und zu studieren. Geistig aktiv sein bereichert die körperliche Ruhe. Die Zahl der Älteren, besonders der Mütter, deren Kinder aus dem Haus sind, die Kurse und Ausbildungsgänge belegen, ist groß. Die geistigen Fähigkeiten erlahmen viel später als die Körperkräfte. Aber auch Kurse in Stricken oder anderen Handarbeiten gibt es in großer Zahl.

### Geistig weiter wachsen

Man kann davon ausgehen, daß die geistigen Fähigkeiten auch im hohen Alter wachsen können, solange keine schwere Krankheit das verhindert.

Mit 81 Jahren schrieb der weltberühmte Historiker Arnold Toynbee:

> Wenn man älter wird, nimmt die Versuchung zu, in der Vergangenheit zu leben und den Blick von der Zukunft abzuwenden. Wenn man derart in der Vergangenheit lebt, ist man so gut (besser: so schlecht) wie tot, lange bevor der körperliche Tod eintritt.... *Solange unser Geist seine Schärfe behält, ist er durch die körperlichen Begrenzungen nicht gebunden*, über Raum und Zeit hinaus steht ihm die Unendlichkeit offen. *Menschsein* heißt, sich selbst transzendieren.[4]

Ähnlich schrieb Pearl S. Buck, die bekannte Verfasserin von 84 Büchern, als sie 80 Jahre alt war:

> Jung und alt sind für mich bedeutungslose Wörter, nur geeignet, um die jeweiligen Altersstufen zu kennzeichnen. Würde ich noch einmal »jung« sein wollen? Nein, denn ich habe zu viel gelernt, was ich nicht wieder verlieren möchte. Das wäre wie durch ein Examen fallen.
>
> Ich habe eine angesehene Stellung im Leben, weil ich alt bin und nicht mehr jung. Ich bin auch viel nützlicher als vor 50 Jahren oder vor 40, vor 30, 20 und sogar vor 10 Jahren. *Ich habe so viel gelernt, seitdem ich 70 geworden bin.*[5]

Zugegeben, beide waren ungewöhnlich begabte Menschen, aber sie haben eine Botschaft, die uns gewöhnlichen Sterblichen etwas zu sagen hat. Je mehr wir unseren Geist üben, desto mehr Freude macht es, ihn zu gebrauchen. Je mehr man lernt, desto leichter lernt man. »Gebrauchtes Gehirn bleibt länger frisch.« Wenn der Geist faul wird, erschlafft auch der Körper, und das geschieht zuallererst dann, wenn wir keine Lust mehr haben, neue Wahrheiten zu entdecken. Der Christ, der regelmäßig die Heilige Schrift und wesentliche Bücher gelesen hat, ist hier sehr im Vorteil.

Der bekannte Tiefenpsychologe C. G. Jung war überzeugt, daß der Mensch nur die Hälfte seiner geistigen und seelischen Fähigkeiten nutze und die andere Hälfte unbeachtet lasse.

Eine andere lohnende Beschäftigung fürs Alter ist das Lesen. Solange man noch berufstätig war, hat man, wenn man nicht sehr gern las, oft nicht viel Ernsthaftes gelesen. Der Ruhestand eröffnet uns da ganz neue Möglichkeiten, und die reichhaltigen öffentlichen Büchereien ermöglichen es jedem, ganz neue faszinierende Welten zu entdecken. Wer vielfältig liest, hat ein Fenster, von dem aus er die ganze Welt sehen kann. Und selbst wenn man früher das Lesen vernachlässigt hat, wird man, wenn man einmal den festen Entschluß gefaßt hat, schnell Freude an der so reichhaltigen deutschen oder auch fremdsprachigen Literatur gewinnen.

Die so viel mehr vorhandene Zeit bietet jetzt die Gelegenheit, die Heilige Schrift gründlicher zu studieren. Als wir früher vor geistlichen oder theologischen Problemen standen, hatten wir da nicht oft gewünscht, die Bibel besser zu kennen? Jetzt haben wir die Gelegenheit dazu. Es gibt Fernkurse, die wir Alten mit dem für uns jeweils passenden Tempo durcharbeiten können, und es gibt viele Bücher, die uns beim Bibelstudium helfen. Aber weil Fernkurse Teste und Examen haben, sind sie vielleicht von Vorteil.

Aber auch soziale Tätigkeiten bieten viele Möglichkeiten, z.B. die Mitarbeit in Altentagesstätten. Krankenbesuche sind ein oft vernachlässigter, aber doch sehr geschätzter Dienst, in dem ein sympathischer und verständnisvoller Mensch viele Möglichkeiten erfüllten Einsatzes finden wird. Auch Bewohner von Altenheimen freuen sich über Abwechslung, denn die meisten bekommen wenig Besuch.

In der Kirche gibt es eine Vielfalt von Diensten, die auch ein alter Mensch noch gut tun kann. Wenn man dem Pastor mitteilt, daß man gerne helfen möchte, wäre es sehr ungewöhnlich, wenn er nicht den einen oder anderen Einsatz vorzuschlagen hätte. Viel kann man tun, um denen, die das Haus nicht verlassen können, ihr Los zu erleichtern, und mal jemandem den Rasen zu schneiden oder bei der Hausarbeit zu helfen bereitet viel Freude.

## Freizeit genießen

Durch die großen Fortschritte in der Automatisierung zeichnet sich eine deutliche Verminderung der Arbeitszeit ab. Das führt zwangsläufig zu mehr Freizeit. Und wenn man so richtig im Streß steckt, erscheint nichts attraktiver als mehr Freizeit. Aber wenn man sie dann hat, gibt es oft unerwartete Probleme. Wie füllt man die freie Zeit so, daß man etwas Nützliches mit ihr tut, das man auch genießen kann? Oft gibt es darauf keine einfache Antwort, es ist ein Problem, mit dem man sich auseinandersetzen muß.

Wenn die Voraussagen mancher Soziologen ernst zu nehmen sind und technische Weiterentwicklungen sie möglich machen, sollte man sich mit dieser Möglichkeit rapide wachsender Freizeit schon lange vor der Pensionierung auseinandersetzen. Aber wenn jemand schon die wenigen Stunden Freizeit, die sein Beruf ihm läßt, nicht so richtig füllen kann, dann muß für ihn die Aussicht auf mehr Freizeit beängstigend sein.

Wenn wir Freizeit als Nichtstun verstehen, dann wäre mehr Freizeit in der Tat zerstörerisch. Und wie viele Rentner erleben genau das! Wenn der Wohlfahrtsstaat auch viele positive Aspekte aufweist, so ist er doch dabei, eine Generation zu schaffen, die die staatliche Altersversorgung als selbstverständliches Menschenrecht ansieht. Der Anreiz, für sich selbst zu sorgen, wird zerstört, und Trägheit macht sich breit.

Aber Freizeit darf nicht gleichgesetzt werden mit Nichtstun auf Kosten anderer. Und sie darf auch nicht dazu dienen, nur Wege zu entdecken, um Langeweile zu vermeiden. Wir sollen unsere Freizeit genießen und sie so gestalten, daß wir Freude daran haben, und das, was wir tun, soll zugleich ein Beitrag sein zur Gesellschaft und zum Reich Gottes.

Die Freizeit im Rentnerdasein kann vielfältig genutzt werden: Reisen, Hobbys, Sport, künstlerische Arbeiten und vieles andere mehr. Aber selbst diese guten Dinge können zur Langeweile führen, wenn sie keine Werte erbringen. Selbst für unsere Freizeit ist es wichtig, Sinn und Zweck zu finden. Wenn der tägliche Broterwerb nicht mehr unser Motiv sein kann, dann müssen wir andere Ziele entdecken, die uns motivieren, und für den Christen gehört natürlich der Wunsch dazu, einen sinnvollen Beitrag für die Arbeit im Reich Gottes zu leisten.

Wenn wir es wirklich genießen wollen, alt zu werden, müßten wir uns eigentlich schon früh auf den Eintritt ins Rentenalter einstellen und nicht warten, bis es über uns hereinbricht. Nur wenige, zu denen gehöre ich leider nicht, können von sich sagen, daß sie so gelebt haben. Aber das heißt nicht, daß wir nichts mehr ändern können, doch je länger wir warten, desto schwieriger wird es.

Wenn unsere Freizeitbeschäftigungen mehr sein sollen als zielloses Zeittotschlagen, dann müssen sie Sinn und Zweck haben. Aber wenn es wahre Frei-Zeit sein soll, gehört dazu auch, daß wir tun dürfen, was uns Freude macht, ohne ein schlechtes Gewissen zu haben. Freie Zeit soll Spaß machen. Aber wer vor 65 arbeitssüchtig war, dem wird es jetzt schwerfallen, diese Einstellung zu gewinnen. Alte Gewohnheiten sterben schwer!

Ein Soziologe sagte: »Leute im Ruhestand haben oft ein schlechtes Gewissen, wenn sie nichts tun, obwohl sie ja keine beruflichen Pflichten mehr haben.« Sie müssen die für sie schwere Lektion lernen, daß in gewissen Grenzen Nichtstun genauso legitim ist wie Arbeit. Wenn man Nichtstun und Freizeit genießen will, darf man sie nicht als Zeit bewerten, die wichtigeren Beschäftigungen gestohlen wird.

Jede konstruktive Beschäftigung ist heilsam und daher wertvoll. Ganz anders, als mancher meint, ist Arbeit keine Mühe, die man möglichst vermeiden sollte, sondern eine Tätigkeit, die einem selbst und der Gemeinschaft hilft.

Wenn man seine Freizeit sinnvoll nutzen will, bedeutet das vielleicht, neue Interessengebiete zu erschließen, sich neuen

Ideen zu öffnen, neue Freunde zu suchen. Der Christ hat mehr Zeit, sein geistliches Leben zu pflegen, und diese Gelegenheit sollte er gerne auskaufen. Und auch dem Dienst für Gott und Menschen kann er mehr Zeit widmen als früher. Es mag sein, daß die Dienste, die dem Alter offenstehen, weniger Ansehen bringen, aber das heißt nicht, daß sie in den Augen des Herrn weniger wichtig oder ein geringerer Beitrag zu seinem Reich wären.

## Anmerkungen

[1] Statistiken vermitteln hierzu wichtige Erkenntnisse. Die britische Rentenbehörde stellte fest, daß 60% der Arbeiter im Rentnerstand gerne noch länger gearbeitet hätten. 70% arbeiteten noch mit 65, mit 70 noch 60%, mit 75 noch 45%. Und zwei Drittel der Freiberuflichen arbeitet auch nach 65 weiter. Eine Studie der amerikanischen Duke Universität zeigt, daß 55% der Ehefrauen es bedauern, wenn ihre Männer in Rente gehen. In USA *muß* ein Viertel der über 65jährigen noch Voll- und Teilzeit arbeiten.

[2] Paul Tournier, Erfülltes Alter, Humata Verlag, Bern o.J.

[3] Henry Durbanville, The Best is Yet to Be, B. McCall Barbour, Edinburgh 1950, S. 46.

[4] Zitiert in Morton Puner, To the Good, Long Life, Macmillan, London 1974, S. 275 *aus* Arnold J. Toynbee, Experiences, Oxford u. London 1969.

[5] Morton Puner, To the Good, Long Life, S. 273.

# NICHT ZU SPÄT

»Gott ist nicht nur an der Jugend interessiert.« Das ist zweifellos wahr, auch wenn das Programm mancher Gemeinden genau den gegenteiligen Eindruck erweckt. Wir Alten sollten daran denken, daß Gott auch für jeden von uns in seinem Alter einen klaren Plan hat genauso wie für die jungen Menschen. Das Alter spielt für den Gott, der von unseren Zeitmaßen nicht berührt ist, keine Rolle. Wenn wir älter werden, so läßt sein Interesse an unserem Wohlergehen doch nicht nach.

Als wir noch jünger waren, suchten wir, die wir schon damals Christen waren, ernsthaft den Plan Gottes für unser Leben zu entdecken, besonders an den Kreuzwegen der Berufs- und Ehepartnerwahl. Suchen wir genauso ernsthaft Gottes Plan für unser Alter? Oder lassen wir uns nur ziellos treiben?

Jetzt, wo wir mehr Zeit haben, über die Vergangenheit nachzudenken, können uns die versäumten Gelegenheiten leicht entmutigen: vielleicht hatte unser Eifer, Gott zu dienen, nachgelassen, vielleicht war unser Gebetsleben nur mittelmäßig, vielleicht war es auch konkrete Sünde, deren wir uns jetzt schämen. Wenn wir so in uns hineinhorchen, müssen wir unsere Augen nach außen wenden, hinauf zu unserem liebenden und verstehenden Vater. Was für eine Wohltat kann da ein Vers sein wie Römer 5,20: »Wo aber die Sünde mächtig geworden ist, da ist die Gnade noch viel mächtiger geworden.«

Das Herrliche an Gottes Gnade ist dies: Es ist nie zu spät, Gottes Plan für den Rest unseres Lebens zu entdecken und ihm zu folgen; es ist nie zu spät, einen neuen Anfang zu machen, selbst dann, wenn wir bis jetzt nicht nach seinem Plan gelebt haben.

Seinen entmutigten und enttäuschten Landsleuten brachte der Prophet Joel eine mutmachende Botschaft der Hoffnung — der Hoffnung auf einen Neuanfang. Gott macht es Freude, seinen Kindern, wenn sie versagt haben, die Chance zum Neuanfang zu geben. Dies sind einige Abschnitte der Botschaft Gottes an entmutigte Alte:

> Hört dies, ihr Ältesten... und merkt auf..., ob solches geschehen sei zu euren Zeiten oder zu eurer Väter Zeiten!... Was die Raupen übriglassen, das fressen die Heuschrecken, und was die Heuschrecken übriglassen, das fressen die Käfer, und was die Käfer übriglassen, das frißt das Geschmeiß (Joel 1,2-4).
> Und ihr, Kinder Zions, freuet euch und seid fröhlich im Herrn, eurem Gott... Ich will euch die Jahre erstatten, deren Ertrag die Heuschrecken, Käfer, Geschmeiß und Raupen gefressen haben, mein großes Heer, das ich unter euch schickte. Ihr sollt genug zu essen haben und den Namen des Herrn, eures Gottes, preisen, der Wunder unter euch getan hat... und ihr sollt's erfahren, daß ich mitten unter Israel bin und daß ich, der Herr, euer Gott bin (Joel 2,23-27).

**Verlorene Jahre wiedergebracht**

Welche Hoffnungen und optimistischen Erwartungen wird dieses göttliche Versprechen in den Herzen der alten Männer geweckt haben! »Ich will euch die Jahre erstatten, deren Ertrag die Heuschrecken gefressen haben.« Und in wessen Leben gibt es keine Jahre, in denen der Dienst unfruchtbar war und die Anbetung armselig. Wir dürfen Mut fassen; *das Beste kommt noch!* Es ist nicht zu spät.

In diesen Versen hat Gott Israel versprochen, das materielle Wohl wiederzubringen. Ist es biblisch begründet, wenn wir dieses Versprechen für uns als geistliche Verheißung in Anspruch nehmen? In der Tat: Gott versprach Abraham, daß sein Same »wie der Sand am Ufer des Meeres« — seine irdischen Nachkommen — und »wie die Sterne am Himmel« — seine geistlichen Nachkommen — sein werden (1. Mose 22,17). Abrahams irdischer Same, das Volk der Juden, ist Erbe der *materiellen*

*Segnungen,* die Gott versprochen hat. Paulus zeigt uns in Galater 3,29 unseren Anteil: »Seid ihr aber Christi, so seid ihr ja Abrahams Same und nach der Verheißung Erben.« Als seine geistlichen Erben haben wir das Recht, die *geistlichen Segnungen* dieser Verheißung für uns in Anspruch zu nehmen. Genauso hat Petrus dieses Prophetenwort in seiner Pfingstpredigt ausgelegt (Apg 2,16-21).

Es gibt viele Sorten Heuschrecken: verpaßte Gelegenheiten, vertane Zeit, zweifelhafte Motive, sinnlose oder verletzende Worte, unbesiegte Sünde. Haben uns solche »Heuschrecken« das leuchtende Grün unseres jungen Glaubens geraubt und Gott die ihm zustehende Ernte?

Uns, die wir versagen, flüstert der Heilige Geist zu: »Ich will *euch* die Jahre erstatten, die die Heuschrecken gefressen haben.«

»Aber«, so mögen Sie einwenden, »man hat mir gesagt, daß verlorene Zeit genauso wenig wiederkommt wie verpaßte Gelegenheiten!« Aber hier haben wir ein Versprechen Gottes, das über die Zeit hinausgeht. Was Menschen unmöglich ist, ist möglich bei Gott.

Als ich einmal durch den Süden Taiwans reiste, zeigte man mir die üppig grünen Reisfelder. Der Bauer sagte mir, daß er noch vor wenigen Jahren nur eine Ernte pro Jahr einbringen konnte. Aber mit der Hilfe von Fachleuten einer amerikanischen Hilfsorganisation und durch Einsatz von Kunstdünger und besserem Saatgut konnte er jetzt auf demselben Land drei Ernten pro Jahr erzielen.

Wie herrlich kann man verlorene Zeit aufholen! So wie der taiwanische Bauer drei Reisernten hatte, kann Gott uns drei geistliche Ernten in einem Jahr geben. Ist das nicht ein Weg des Ausgleichs für verlorene Zeit und Gelegenheit? Die Vergangenheit kann niemand zurückbringen, aber die gute Botschaft der Hoffnung gibt uns die Gewißheit, daß das kraftvolle Blut Christi (1. Joh 1,9) volle und freie Vergebung bringt, wenn wir unsere Sünden bekennen. Kein vergangenes Versagen macht den zukünftigen Sieg weniger möglich. Nein, Gott kann sogar unser Versagen dazu benutzen, daß wir siegreich leben in Demut und tiefer Abhängigkeit von ihm.

**Eine neue Chance**

Die Natur bietet uns keine Chance, wenn wir ihre Gesetze brechen. Und oft tun das auch unsere Mitmenschen nicht. Aber Gott vergibt uns nicht nur unsere Sünde und vergißt unsere Vergangenheit, er bietet uns eine *neue Gelegenheit, eine zweite Chance*. Haben das nicht Jona, Jakob, David, Petrus, Johannes, Markus und viele andere erlebt? Es ist nicht zu spät für uns, neu zu beginnen. Und so spricht der Herr zu uns allen: »*Doch auch jetzt noch*, spricht der Herr, bekehret euch zu mir von ganzem Herzen mit Fasten, mit Weinen, mit Klagen! Zerreißt eure Herzen und nicht eure Kleider und bekehrt euch zu dem Herrn, eurem Gott! Denn er ist gnädig, barmherzig, geduldig und von großer Güte, und es gereut ihn bald die Strafe« (Joel 2,12-13).

In meiner Jugend sangen wir gerne Hezekiah Butterworths Lied vom Vogel mit dem gebrochenen Flügel. Es endet mit den traurigen Zeilen:

Doch der Vogel, des Flügel gebrochen,
flog nie mehr so hoch wie zuvor.

Die Botschaft des Liedes war wohl die, daß vor dem verletzten Vogel, völlig auf seine Flügel angewiesen, nur noch ein Leben der Beschränkung und der Frustration lag. Nie wieder würde er in die blauen Höhen fliegen können.

Der bekannte amerikanische Sänger und Evangelist Peter Bilhorn schrieb die Melodie dazu und sang das Lied auch einmal im Iowa Staatsgefängnis.

Als er das Lied beendet hatte, stand einer der Gefangenen auf und fragte den Pfarrer: »Ist das wahr? Wenn das, was der gesungen hat, wahr ist, dann gibt's für mich keine Hoffnung und für die anderen hier auch nicht.« Er setzte sich und schluchzte auf.

Peter Bilhorn begriff, daß der Mann zu Recht protestiert hatte, aber es war jetzt für eine Erklärung zu spät. Er fuhr nach Hause zurück und konnte sich nur sagen: »Das ist nicht wahr!« Sagt die Schrift nicht: »Wo aber die Sünde mächtig geworden ist, da ist doch die Gnade noch viel mächtiger geworden«?

Einige Tage später fügte er dem Lied zwei Strophen hinzu und sang es wieder im Iowa Staatsgefängnis, um den Fehler zu korrigieren:

Doch wenn ein Mensch zu Jesus kommt,
wird er von Sünde frei.
Und wenn das Herz ihm ganz vertraut,
legt er ihm die Krone bei.

So komm zu dem starken Erlöser,
verschließ ihm nicht länger das Ohr,
und bist du erlöst durch die Gnade,
*so fliegst du so hoch wie zuvor.*

Aber das war noch nicht das Ende der Geschichte. Fast 20 Jahre später kam bei einer CVJM-Veranstaltung ein Oberst zu Peter Bilhorn.

»Sie erinnern sich sicher nicht an mich, aber ich erinnere mich sehr gut an Sie«, sagte er. »Vor 18 Jahren besuchten Sie das Gefängnis in Fort Madison und sangen von einem Vogel mit gebrochenen Flügeln. Ich war der, der fragte, ob das wahr sei. Als Sie dann wiederkamen und das Lied mit den zusätzlichen Versen sangen, habe ich Christus mein Leben gegeben und konnte wieder fliegen. Durch Gottes Gnade kann ich höher fliegen als zuvor.«[1]

## Ein Gefäß zur Ehre Gottes

Das bekannte Gleichnis vom Töpfer (Jer 18,1-6) illustriert dieselbe hoffnungsvolle Möglichkeit. Wenn wir auch schon viele Jahre hinter uns haben, so ist der himmlische Töpfer doch noch nicht ganz fertig. Es liegen noch herrliche Möglichkeiten vor uns. Die Vergangenheit war nicht besser, als die Zukunft werden kann.

Als das schöne Gefäß, das der Töpfer formte, unter seinen Händen zerbrach, hätte er den widerspenstigen Ton auch zum Abfall werfen und einen neuen und besseren Tonklumpen nehmen können. Aber er tat es nicht, sondern »er machte einen anderen Topf daraus, wie's ihm gefiel« (Jer 18,4). Selbst wenn wir das Wirken des göttlichen Töpfers in unserem Leben zunichte gemacht haben, verzweifelt er nicht an uns und wirft uns nicht weg, wie Satan, der Verkläger der *Brüder* (Hiob 1,6), es uns glauben machen möchte. Immer noch können wir beten:

Gebrauche mich, mein Gott,
und schreibe mich nicht ab
wie ein verworfen Ding,
das du nicht mehr gebrauchst.

Dir dient die Kreatur,
die du geschaffen hast.
Gebrauche mich, mein Gott,
der ich der Geringste bin.

H. Bonar

Wenn der himmlische Töpfer aus dem mißratenen Ton ein neues Gefäß formt, mag das vielleicht nicht so schön sein, wie er es ursprünglich beabsichtigt hat, aber es kann doch noch ein »Gefäß zu Ehren, geheiligt, dem Hausherrn brauchbar und zu allem guten Werk bereitet« werden (2. Tim 2,21).

Der göttliche Töpfer läßt sich nicht entmutigen. J. Stuart Holden beendete eine seiner kostbaren Predigten über das Töpfergleichnis mit diesen Worten:

»Sieh nicht nur das zerbrochene Gefäß, sieh auch das zerbrochene Gesicht. Er war ein zerbrochenes Gefäß, zerbrochen nicht von seinen Sünden, sondern von meinen und deinen. Ich bitte dich, bevor wir auseinandergehen, schau in sein zerbrochenes Gesicht, dort findest du die Kraft, die das zerbrochene Gefäß heil macht.«

**Anmerkung**

[1] Henry Durbanville, The Best is Yet to Be, S. 16-18.

Eine neue Karriere im Rentenalter ist eine echte Möglichkeit, kein Luftschloß. Sie kann die Tür zu neuen und faszinierenden Erfahrungen öffnen. Michael Griffiths, mein Nachfolger als Generaldirektor der Überseeischen Missionsgemeinschaft, hat nach elfjährigem Dienst auf diesem Posten eine neue »Karriere« als Direktor des London Bible College begonnen, und es kann gut sein, daß er in diesem Dienst größeren Einfluß ausüben wird als in seinen früheren Berufen.

Es gibt keinen Grund für die Meinung, nur weil man »im Ruhestand« lebt, gehörten die besten Leistungen fürs Reich Gottes der Vergangenheit an. Und es ist töricht und unbegründet, sich so zu verhalten, als ob man nicht mehr sinnvoll für Gott arbeiten könnte. Zwischen dem offiziellen Ausscheiden aus dem Beruf und dem Aufhören der Kräfte kann eine Zeit äußerst fruchtbaren Wirkens liegen, natürlich dem Alter angemessen. Wenn das Leben dann vielleicht auch weniger aktiv ist, so braucht das, was wir tun, doch nicht weniger wirkungsvoll zu sein. In einem Gedicht zeigt H. W. Longfellow, daß er das verstanden hatte:

> Wer alt ist, seine Chance hat, und nicht nur, wer noch jung,
> wenn auch sich die Gelegenheit oft anders zeigen mag.
> Nachdem die Sonne sank, der helle Tag vergangen ist,
> der Himmel voller Sterne steht, die unsichtbar bei Tag.

Genau das habe ich selbst erlebt. Als ich siebzig war, rief mich ein Freund aus Australien an und sagte mir, daß sie keinen Leiter für das Christian Leaders Training College in Papua Neuguinea finden könnten. Er fragte an, ob ich bereit wäre, diese Aufgabe zu übernehmen. Da meine Frau nicht lange vorher heimgerufen worden war, hatte ich keine familiären Bindungen mehr und war froh darüber, daß mir in dieser schweren Zeit eine mich fordernde Aufgabe geboten wurde.

Es war eine vielfältige Arbeit in einer für mich völlig ungewohnten Umgebung, aber wie gut hat mir die Arbeit getan. Es war ein großes Vorrecht für mich, auf dieser Lebensstufe Anteil haben zu dürfen an der Aufgabe, fähige junge Führungskräfte für Neuguinea heranzubilden. Und dann hatte ich auch noch die Freude, bei einem Dutzend Konferenzen von Missionaren und einheimischen Führern in Neuguinea das Wort Gottes zu verkündigen. Und all das war nun wirklich kein Luftschloß.

Zu jeder Zeit kann man eine neue Laufbahn beginnen, aber zu einem Erfolg wird sie nur, wenn wir eine starke Motivation mitbringen und bereit sind, etwas zu unternehmen. Eine zweite — oder gar dritte — Laufbahn ist oft anders motiviert als die erste, denn sie ist frei gewählt. Was man so im Alter tut, tut man aus Liebe zur Sache und nicht aus kaltem Pflichtgefühl. Das bringt dann die Glückseligkeit, von der Alexander Pope schrieb: »Glückselig ist der, der seine Arbeit gefunden hat. Weiteres Glück sollte er nicht suchen.«

Für solch eine neue Lebensaufgabe bieten sich im christlichen und im sozialen Bereich viele Möglichkeiten. Wer ein Handwerk gelernt hat oder künstlerische Fähigkeiten besitzt, wird viele Gelegenheiten finden, seine Gaben einzusetzen. Ein Gärtner kann Blumen und Gemüse anbauen. Er kann es verkaufen oder damit denen, die nicht aus dem Haus können, eine Freude machen. Er könnte aber auch die Spannung erleben, neue Pflanzensorten zu züchten. Auch der Amateurfotograf wird viele Möglichkeiten finden, anderen nützlich zu sein. Und wer literarisch interessiert ist, hat jede Menge Möglichkeiten, seine Fähigkeiten zu nutzen und zu entwickeln. Und auch die fähige Bürokraft wird nie ohne Arbeit sein.

Ganz anders als früher können heute alte Menschen, die körperlich gesund sind, lohnende Dienste in vielen Missionsgebieten leisten. Ich kenne eine alte Dame, die ging mit 70 nach Brasilien, arbeitete dort drei Jahre und ging dann nach Papua Neuguinea, wo sie bis zum Alter von 80 Jahren einen hochgeschätzten Dienst tat. Natürlich ist sie eine Ausnahme, aber eine Ausnahme, die die Regel bestätigt.

Abraham ist ein leuchtendes biblisches Beispiel eines Mannes, der mit 75 eine neue und erregende Laufbahn begann. Er war kein abenteuerlustiger junger Mann, als ihn die Herausforderung Gottes traf: »Geh aus deinem Vaterland und von deiner Verwandtschaft und aus deines Vaters Haus in ein Land, das ich dir zeigen will« (1. Mose 12,1). Es sagt viel über seinen Gehorsam und den seiner Frau (sie war nur zehn Jahre jünger), daß er »durch Glauben gehorsam wurde, als er berufen wurde, in ein Land zu ziehen... und wußte nicht, wo er hinkäme« (Hebr 11,8).

Für Sara muß es eine umstürzende Erfahrung gewesen sein, ihren luxuriösen Haushalt aufzulösen — denn Ur war eine hochzivilisierte Stadt, und Abraham war ein wohlhabender Mann. Wie schwer muß es ihr gefallen sein, so viel Wertvolles zurückzulassen und nur das mitzunehmen, was zum Nomadenleben paßte. Als gutsituierte Städter brauchten sie mehr als die übliche Menge Mut, um in diesem Lebensalter ihren Lebensstil völlig zu verändern und ihre Sicherheit zu opfern.

Aber wenn er es will, stört Gott unsere Ruhe, ganz gleich, wie alt wir sind. Er fragt uns nicht, ob es genehm ist, und wie im Falle Abrahams gibt er oft auch so schnell keine Erklärung. Er erwartet nur von uns, daß wir ihm vertrauen. Die Heilige Schrift sagt uns, daß Abraham und Sara es *durch Glauben* geschafft haben, und dieser erste Schritt führte im Endeffekt dazu, daß er zum »Vater des Glaubens« wurde. Sein Gehorsam im hohen Alter, wenn auch hart geprüft, brachte Segen für die ganze Welt. Die Verheißung ist erfüllt worden: »In dir sollen gesegnet werden alle Geschlechter auf Erden« (1. Mose 12,3). Sind wir ebenso bereit, wenn der Herr es uns zeigt, einen neuen Schritt des Glaubens zu gehen?

So wie seinen Meister machten Paulus die Leiden und Beschwerden vorzeitig alt. Als einige seiner Gegner mit Jesus diskutierten, sagten sie zynisch zu ihm: »Du bist noch nicht fünfzig Jahre alt«, und in Wirklichkeit war er gerade dreißig (Joh 8,57). Er hatte das Leid seine Arbeit tun lassen, und das hatte seine Zeichen hinterlassen. Genauso trug Paulus die Malzeichen seines Herrn an seinem Körper (Gal 6,17). Als viele seiner Altersgenossen noch auf dem Höhepunkt ihrer Kraft waren, hatten ihn die Verfolgungen und Schläge vorzeitig altern lassen. Wenn Sie einen Eindruck gewinnen wollen, wie Paulus immer neue und immer schwerere Prüfungen zu ertragen hatte, dann nehmen Sie sich jetzt die Zeit und lesen Sie 2. Korinther 1,8; 2,4; 4,8; 6,4-10; 7,5; 11,23-28; 12,7.

Da ist es nicht erstaunlich, wenn er sagt, daß sein »äußerer Mensch« verfällt (2. Kor 4,16). Das »irdische Gefäß« von 2. Korinther 4,7 war deutlich am Zerbrechen. Die Gefahren, Beschwernisse und Anspannungen seiner ungeheuren Missionsarbeit verschlissen ihn immer mehr.

Aber das ist war die eine Seite des Bildes. Während sein »äußerer Mensch« zunehmend schwächer wurde, entwickelte sich sein »innerer Mensch« in die entgegengesetzte Richtung.

> Darum werden wir nicht müde; sondern wenn auch unser äußerer Mensch verfällt, so *wird doch der innere von Tag zu Tag erneuert* (2. Kor 4,16).

Es macht fast den Eindruck, als wäre Paulus ein unbeteiligter Zuschauer, der in aller Ruhe beobachtet, wie sein Körper immer schwächer wird. Und wenn auch die Verfolgungen seiner Feinde diesen Prozeß noch beschleunigen, so scheint ihm das doch wenig Sorgen gemacht zu haben. Er wußte, daß sein »innerer Mensch« jeden Tag an Gnade und Stärke zunahm.

Genau diese Anfechtungen waren das Mittel, durch das sein Vater ihn innerlich erneuerte und so sein gnadenvolles Ziel erreichte. Paulus hatte entdeckt, daß es für jeden Tag genügend geistliche Kraft gab, seinen Dienst zu tun. Haben wir diese Lektion gelernt?

Bei Nichtchristen ist die körperliche Desintegration ein trauriger Vorgang, denn bei ihnen findet kein entgegengesetzter geistlicher Reifeprozeß statt. Es geht einfach nur bergab. Aber für den Christen können Versuchungen, Anfechtungen und selbst der Tod den inneren Menschen, der mit Christus verbunden ist, nicht erreichen oder negativ beeinflussen (Kol 3,3). Er hat das Leben von oben und ist von den Lebensumständen nicht abhängig. Und wer sein Leben im Dienste Jesu verschleißt, der öffnet sein Leben für das Leben Jesu. Und so bekam Paulus jeden Tag neue Kraft von Gott.

Es gibt keinerlei Anzeichen dafür, daß er eine besondere Gnade empfangen hätte, die anderen Gläubigen — und damit auch uns — nicht zugänglich wäre. Wir sind alle gleich gesegnet »mit allem geistlichen Segen« (Eph 1,3). Der Unterschied zwischen dem, was Paulus erlebte, und dem, was wir erleben, ist der, daß er *jeden Tag* sich ganz bewußt seinen Anteil an dieser göttlichen Gnade zu eigen machte, wogegen wir das, was uns genauso zur Verfügung steht, so oft ungenutzt lassen.

Paulus muß sehr oft dem Zusammenbruch nahe gewesen sein — und unserem Vater ist es durchaus nicht gleichgültig, welchen Preis unser Dienst fordert —, aber weil er jeden Tag die übernatürliche Kraft Gottes in Anspruch nahm, brach er nicht zusammen, sondern wurde innerlich erneuert.

Dieses Geheimnis beschreibt er in einer Anzahl von überraschenden Widersprüchen:

> Denn unsere Trübsal, die zeitlich und leicht ist, schafft eine ewige und über alle Maßen gewichtige Herrlichkeit, uns, die wir nicht sehen auf das Sichtbare, sondern auf das Unsichtbare. Denn was sichtbar ist, das ist zeitlich; was aber unsichtbar ist, das ist ewig (2. Kor 4,17-18).

Durch diesen paradoxen Prozeß benutzt Gott gerade die Trübsal, die den Körper schwächt, um eine innere Erneuerung zu bewirken, die den Menschen von der Tyrannei des Körperlichen befreit. Für Paulus gilt:

Die schwere Last ist leicht.
Die ewige Herrlichkeit ist gewichtig.
Die scheinbar endlosen Trübsale sind nur vorübergehend.
Die vorübergehenden Leiden bringen ewige Segnungen.

Wir dürfen nicht übersehen, daß die innere Erneuerung stattfindet, *während* (in anderen Übersetzungen: *weil*) er nicht auf das Sichtbare sah — auf den Druck, die Verfolgungen, das tägliche Sterben, das sein Los war —, sondern auf das Unsichtbare — die Herrlichkeit des Herrn im Angesicht Jesu Christi (2. Kor 4,18). Die Herrlichkeit Christi und die umgestaltende Kraft, die die Frucht seiner Leiden ist, sind ewig und unvergänglich. Diese Umwandlung bewirkt »der Herr, der der Geist ist« (2. Kor 3,18).

Paulus macht uns Mut zu glauben, daß wir, obwohl durch das Alter unsere Körperkräfte abnehmen — bei manchen wegen der Anforderungen ihres Dienstes sogar noch schneller als sonst —, *jeden Tag* diesselbe innere Erneuerung in Anspruch nehmen können, die er erfuhr. Diese innere Erneuerung wird uns fähig machen, an jedem Tag den Plan Gottes zu erfüllen.

»Darum werden wir nicht mutlos!« rief Paulus aus.

Ich lebe oder sterbe hier,
das teil du, Herr, mir zu.
Ich will in Lieb nur dienen dir,
die Gnade, die gibst du.

Ist lang das Leben, ist's mir recht,
denn ich bin gern dein Knecht.
Ist's kurz, was soll ich traurig sein?
Derselbe Lohn ist mein.

Richard Baxter

## BEHINDERUNGEN MÜSSEN NICHT UNFÄHIG MACHEN

Älter werden ist keine Krankheit, und alt sein ist auch nicht dasselbe wie krank sein, wenn auch der römische Philosoph Seneca das Alter als eine »unheilbare Krankheit« bezeichnete.

Aber wenn auch älter werden keine Krankheit ist, so ist es doch weise, wenn wir uns bewußt sind, daß die meisten älteren Menschen, abgesehen von den Krankheiten, die in der ganzen Gesellschaft üblich sind, meist auch noch einige Krankheiten bekommen, die typisch für ihre Altersstufe sind. Aber auch das ist kein Grund für unnötigen Pessimismus. Manche, und zu denen gehöre ich auch, sind in jüngeren Jahren öfter krank gewesen und sind dann im Alter viel gesünder. Aber solche Menschen sind die Ausnahme, nicht die Regel.

Normalerweise nimmt die Leistungsfähigkeit ab und nehmen die Krankheiten zu, wenn auch der medizinische Fortschritt heute das Los der Alten sehr erleichtert hat. Vieles, was früher unheilbar war, kann heute erfolgreich behandelt werden.

Es besteht die statistische Wahrscheinlichkeit, daß nach dem 60. Geburtstag Behinderungen, *die durch Krankheit verursacht sind*, zunehmen, allerdings sind manche Leiden nicht durch Krankheit verursacht, sondern durch ungesunde Umgebung. Aber insgesamt können die Ergebnisse der Altersheilkunde einigen Trost bieten.

Auch im Alter bedeutet eine Krankheit noch lange keine dauernde Behinderung. Bei alten Menschen ist oft völlige Heilung möglich, wenn eine Krankheit früh genug behandelt wird. Manche Krankheiten kann man auch selbst heilen, wenn nur der Wille dazu da ist. Und mit der nötigen Behandlung und Pflege kann auch bei nicht heilbaren Krankheiten viel Erleichterung geschaffen werden.

Wenn die Ärzte zu dem Ergebnis kommen, daß eine Krankheit nicht mehr heilbar ist, ist es weise, wenn der Leidende das Unausweichliche mutig und großherzig annimmt. Jede andere Einstellung führt zu Depressionen, Frustration und Selbstmitleid.

Auf der anderen Seite haben aber auch viele erlebt, daß die Jahre zwischen 60 und 80 zu den schönsten und nützlichsten des Lebens gehören. Es ist nicht vorgeschrieben, daß man in einem bestimmten Alter seine körperliche Leistungsfähigkeit verliert, und durch innere Entschlossenheit und mutige Haltung kann man den Zeitpunkt sogar hinausschieben, denn vieles, was man gemeinhin als unvermeidlich ansieht, ist es gar nicht.

Kürzlich hatte ich das Vorrecht, gemeinsam mit Dr. Herbert Lockyer auf einer Konferenz zu sprechen. Trotz seiner 92 Jahre hielt er beeindruckende und von Gott gesegnete Vorträge, und im selben Jahr wurden drei Bücher aus seiner Feder veröffentlicht! Sein Alter und seine körperliche Schwäche hatten seine geistliche Wirksamkeit kaum beeinflußt.

Aus Sorge um unser Wohlergehen sind unsere Freunde oft sehr hilfsbereit und manchmal auch überbehütend. Sie machen sich Sorgen, wenn wir, die wir ja nicht mehr so mobil sind, allein unterwegs sind. Wie oft werden wir ermahnt: »Das solltest du in deinem Alter doch nicht tun.« Der kleinste Vorwand reicht aus, und schon helfen sie uns. Aber es ist nicht ratsam, alte Leute zu früh in Watte zu packen.

Wessen körperliche Kräfte nachgelassen haben, der sollte doch alles, was er noch selbst kann, auch selbst tun. Und wer für so einen Kranken sorgt, sollte es ihm auch erlauben, das, was der Kranke kann, auch selbst zu tun. Wenn unsere Lieben überängstlich und deswegen überfürsorglich sind, können sie aus einem Kranken wirklich einen Invaliden machen und sogar eine mögliche Heilung verhindern.

Natürlich sollen wir Kranken und Behinderten in jeder Weise helfen. Aber die meisten von ihnen würden lieber »in der Rüstung sterben« als ihre Unabhängigkeit verlieren. Also lassen wir sie ihnen so lange, wie es möglich ist.

## Was haben Sie gesagt?

Eine der notvollsten Begrenzungen, die das Alter bringt, ist das zunehmend schlechter werdende Gehör. Dabei ist nicht das schlechte Hörenkönnen das schlimmste, sondern die Neigung, sich zurückzuziehen. Die Welt des Schwerhörigen wird kleiner und kleiner, das Gefühl schlimmer Einsamkeit kann sich einstellen, und das führt zu schweren seelischen Problemen.

Wir müssen der Tatsache ins Auge sehen, daß zum Älterwerden auch das Schlechterwerden des Gehörs gehört. Aber es gehört nicht zum normalen Alter, ganz taub zu werden. Das merkt man, sobald man in der Gegenwart »alterstauber« Menschen so spricht, als wären sie nicht da! Allerdings ist die Wahrnehmungsfähigkeit unserer Sinne etwas eingeschränkt, zum Beispiel ist es für ältere Menschen normal, sehr hohe Töne nicht hören zu können.

Taubheit entwickelt sich gewöhnlich sehr langsam, wir bemerken es kaum, bis wir plötzlich feststellen, daß wir viel zu oft sagen: »Entschuldigen Sie bitte, was sagten Sie gerade?« Ich erinnere mich sehr deutlich, wie ich diese Stufe erreichte. Es kann auch sein, wir bemerken, daß die Leute immer leiser und unverständlicher sprechen. Dann neigt man zuerst dazu, das ihrer schlechten Aussprache anzulasten. »Wenn doch die Leute nicht dauernd so mit mir flüstern würden«, beklagte sich eine ältere Dame.

Natürlich hat keiner geflüstert oder leise gesprochen, sie konnte einfach schlechter hören und verstehen. Das Grundproblem ist aber oft gar nicht das schlechtere Gehör, sondern das Abnehmen der Fähigkeit, das Gehörte zu verstehen und darauf zu antworten. Auch das wird durch die Tatsache deutlich, daß Taube oft das hören können, was sie nun durchaus nicht hören sollten. Es ist offensichtlich nie gut, in Gegenwart von tauben Menschen so zu sprechen, als wären sie nicht da.

Der Blinde, der auf der Straße seinen Weg sucht, findet sofort Sympathie und Hilfsbereitschaft. Aber wer als Tauber genauso behindert ist, findet nicht die gleiche Sympathie. Man ist längst nicht so wohlwollend und geduldig, zum Teil wohl, weil man diese Behinderung nicht so leicht erkennen kann.

Wenn es auch nicht so viel Sympathie hervorruft, ist der Verlust des Gehörs vielleicht eine noch schlimmere Behinderung für einen alternden Menschen als das Blindsein.

Auf schlechtes Gehör reagiert man leicht mit Irritation und Ungeduld statt mit Mitgefühl, und der Betroffene kommt nur tiefer in die Isolation hinein und verliert zunehmend den Mut zuzuhören. Es kommt sogar vor, daß Ältere gar nicht mehr darum kämpfen, hören zu können. Vielleicht geben sie sogar vor, viel tauber zu sein, als sie wirklich sind, nur um zu vermeiden, daß man sie auslacht, wenn sie irgend etwas einmal falsch verstanden haben.

Es sind nicht nur die Tauben, die schlecht hören. Auch Menschen mit guten Ohren hören oft nicht, wenn man sie anspricht, weil sie mit etwas für sie Wichtigerem beschäftigt sind. Die Hörfähigkeit hängt weitgehend von der Konzentrationsfähigkeit ab. Der Schwerhörige neigt dazu, sein Gehör »abzuschalten«, wenn ihm das Gespräch uninteressant oder unangenehm wird. Er wird aber sein Gehör sofort wieder »anschalten«, wenn das Thema ihn interessiert. Genauso ist es beim Gesang. Wenn die Worte nicht klar genug ausgesprochen werden, gibt der Schwerhörige den Versuch auf, das Gesungene zu verstehen.

Wer mit Schwerhörigen spricht, meint manchmal, durch Schreien einen Ausgleich zu schaffen. Das bringt aber oft nichts, klare und deutliche Aussprache ist wichtiger als Lautstärke.

Auch wenn ein Schwerhöriger sich ohne große Probleme mit Einzelpersonen unterhalten kann, so fällt es ihm doch viel schwerer, an einem Gruppengespräch teilzunehmen. Das ist unvermeidlich, und viele Schwerhörige müssen einfach lernen, damit zu leben. Man kann es natürlich solchen Menschen erleichtern, wenn man sich die Mühe macht, sie in die Unterhaltung hineinzunehmen, indem man sie direkt und deutlich anspricht. Aber wer schwerhörig ist, neigt auch dazu, anderen keine Mühe machen zu wollen.

Wenn jemand mit Schwerhörigen so sprechen will, daß sie ihn verstehen, dann sollte er folgende Ratschläge beachten:

> Beginnen Sie erst zu sprechen, wenn Sie dem anderen ins Gesicht schauen. Es ist gut, wenn Ihr Gesicht gut ausgeleuchtet und auf gleicher Höhe mit dem Ihres Hörers ist, so daß der Schwerhörige Ihren Gesichtsausdruck und die Bewegung der Lippen beobachten kann. Sprechen Sie deutlich, und verschlucken Sie keine Mitlaute. Auch Gesten erleichtern das Verstehen. Sprechen Sie langsam, aber schreien Sie nicht.

Wenn das Gehör schlechter wird, sollte man unbedingt lernen, die Worte von den Lippen abzulesen. Auch wenn man die Kunst nicht völlig beherrscht, ist sie doch eine große Hilfe. Allerdings haben manche sie so gut gelernt, daß man kaum merkt, daß sie schwerhörig sind oder gar taub.

Wenn sich Schwerhörigkeit sehr schnell verstärkt, sollte man sofort einen Arzt aufsuchen, denn es ist dann vielleicht keine normale Altersschwerhörigkeit. Es kann sogar sein, daß der Arzt nur etwas überflüssiges Wachs aus den Ohren entfernen muß, um einem Menschen das Gehör wieder zurückzugeben!

Auch die Hörgeräte sind in den letzten Jahren immer besser geworden. Wenn sie das Hören auch nicht völlig normalisieren, so sind sie doch bei bestimmten Formen der Schwerhörigkeit eine große Hilfe. Man sollte sich eher früher als später an ein Hörgerät gewöhnen. Manche, die erst im hohen Alter begannen, ein Hörgerät zu tragen, waren enttäuscht, weil sie nicht mehr fähig waren, sich darauf einzustellen. Weil die Hörgeräte *alle* Töne verstärken und nicht nur die, die man hören will, gibt es Probleme, und so nutzt ein Hörgerät oft wenig, wenn mehrere in einer Gruppe sprechen. Aber hier gilt, was woanders auch gilt: die Übung bringt's. Viele geben den Versuch, mit dem Hörgerät klarzukommen, zu schnell auf und verlieren damit ein sehr nützliches Hilfsmittel.

## Ob uns das Gedächtnis Streiche spielt?

Wenn wir älter werden, müssen wir damit rechnen, daß unser Gedächtnis schlechter wird. Aber das ist durchaus nicht unvermeidlich, denn viele alte Leute haben ein zu gutes Gedächtnis, um die Behauptung so ohne weiteres aufrechtzuerhalten. Kleinere Gedächtnisschwächen scheinen normal zu sein. Vom mittleren Alter an scheint die Fähigkeit, sich schnell an die Namen von Personen und Orten zu erinnern, etwas abzunehmen. Besonders, wenn man übermüdet oder abgespannt ist, scheint das Kurzzeitgedächtnis weniger gut zu sein. Aber wenn auch im Alter das Gedächtnis ein klein wenig schlechter zu werden scheint, so gehört das doch nicht notwendig zum Altwerden.

Samuel Chadwick, ein bekannter methodistischer Prediger aus der ersten Hälfte dieses Jahrhunderts, schrieb[1], als er selbst alt zu werden begann, humorvoll folgendes:

> Seit einiger Zeit spielt mir mein Gedächtnis eigenartige Streiche. Mein Wortgedächtnis war nie gut, und ich bin oft dankbar gewesen für die tröstenden Worte, die mir als jungem Mann der alte Prediger Joshua Priestley mitgegeben hatte.
>
> Er meinte, ich sollte mich nicht entmutigen lassen, denn ein gutes Gedächtnis sei durchaus nicht die wertvollste Begabung, es könne sogar zur Falle werden. Ich habe in meinem Leben erfahren, daß er recht hat, aber trotzdem ist es sehr unangenehm, wenn einem das Gedächtnis Streiche spielt. Ich habe das, was man ein »Index-Gedächtnis« nennen könnte. Wenn ich auch die Worte nicht im Kopf hatte, so wußte ich doch, wo ich suchen müßte, und oft wußte ich sogar genau, wo auf der Seite etwas stand.
>
> Namen und Gesichter vergesse ich leicht, aber ein Ereignis oder eine Auseinandersetzung vergesse ich nicht, und so kann ich durch Assoziationen immer zu der Person zurückfinden, die ich suche. Aber in der letzten Zeit hat mein »Index-Gedächtnis« angefangen, mir Streiche zu spielen. Was ich suche, versteckt sich, und wenn ich es dann gar

nicht mehr suche, plopp, springt es mir ins Gesicht.

Manche erleben wohl das gleiche wie Samuel Chadwick. Viele Forscher bestreiten, daß das Gedächtnis mit zunehmendem Alter unvermeidlich abnimmt, wobei es das Kurzzeitgedächtnis stärker als das Langzeitgedächtnis trifft. Sie haben festgestellt, daß die, die über die Jahre ihr Gedächtnis geübt haben, es am längsten behalten. Das gilt natürlich für alle Fähigkeiten.

Morton Puner, Mitglied der Gerontologischen Gesellschaft der USA, behauptet, daß es keinen unausweichlichen Grund gäbe, warum unsere geistigen Fähigkeiten, das Gedächtnis eingeschlossen, nicht bis weit über 80 ziemlich unverändert bleiben sollten. Vielleicht hat das Gedächtnis überhaupt keine Altersgrenze, solange es nicht durch schwere Krankheit oder Unfall in Mitleidenschaft gezogen wird.[2]

Daß alte Menschen dazu neigen, stark in der Vergangenheit zu leben, ist nicht unbedingt ein Zeichen von Senilität. Für die meisten, wenn auch durchaus nicht für alle, war die Vergangenheit angenehmer als die Gegenwart, und da ist es kein Wunder, wenn sich das Gedächtnis nostalgisch der glücklichen Vergangenheit zuwendet. Das Gedächtnis tut uns den Gefallen, die schmerzhaften Erinnerungen zu vergessen und die schönen zu behalten, und so sieht die Vergangenheit im Rückblick oft viel freundlicher aus, als sie es in Wirklichkeit war.

Daß alte Menschen vergangene Ereignisse besser behalten, liegt vielleicht daran, daß sie oft nichts mehr erleben, was die Gegenwart genauso bedeutungsvoll macht wie die Vergangenheit. Das mag dazu führen, daß das Gedächtnis jüngste Ereignisse oft nicht so nachhaltig wirkend aufnimmt.

Ich erinnere mich, wie ich als junger Mann einmal Alexander Watson hörte, den berühmten Künstler, der alle Dramen Shakespeares kannte und vortragen konnte. Er erzählte, daß er einmal plötzlich für einen Schauspieler einspringen mußte, der ausgefallen war. Er hatte kaum Zeit und konnte das Stück längst nicht so gründlich lernen, wie er es sonst zu tun pflegte. Trotzdem konnte er seine Rolle ohne Pannen spielen. Alle anderen Stücke, die er sich gründlich eingeprägt hatte, brauchte er nicht neu zu lernen, wenn er sie vortragen sollte. Aber dieses eine Stück, das er nur oberflächlich gelernt hatte, mußte er zu jeder Aufführung neu lernen, weil der erste Eindruck auf sein Gedächtnis nicht tief genug gewesen war. Wenn wir älter werden, prägen sich Erlebnisse, so scheint es, wohl nicht mehr so tief in unser Gedächtnis ein wie in der Jugend.

Aber das Gedächtnis kann auch ein Tyrann sein, wenn es uns immer wieder das Versagen und die Sünden der Vergangenheit vorhält. Und wie klar zeichnet Satan, unser raffinierter Gegner, ihr Bild!

Der blinde Dichter und Prediger George Matheson faßte das Verlangen so belasteter Herzen in treffende Worte:

O könnt ich zurück, all die Jahr' meines Lebens,
ich wischte das aus, was je ich getan;
ich löschte den Irrtum und bannte die Schatten,
es finge die Welt ganz neu für mich an.
Ich wär wie ein Kind, und das Buch meines Lebens
wär frei von den Flecken und rein wie das Licht.
Die Sonne würd aufgehn in ganz neuem Glanze.
Ich wüßte, mein Leben fängt noch einmal an!

Aber es gibt einen hellen Strahl der Hoffnung!

Ich darf ja zurück, darf die Zeit überspringen.
Ich kann wieder leben, vor dir, Herr, als Kind,
weil ja im Schatten des Todes am Kreuze
jetzt all meine Schatten vertrieben ich find.
Und auf dieser Straße, die jetzt trüb und dunkel,
da wirst du mir Gnade um Gnade noch geben.
Die Seele wird leicht, und sie wird nicht ermüden
vom Segen, den du mir geschenkt hast zum Leben.

Des Paulus früherer Fanatismus und Gotteslästerung, seine sadistische Verfolgung der Heiligen und sein Haß auf das Evangelium wurden nie völlig aus seinem Gedächtnis gelöscht. Er bekannte, daß er der schlimmste Sünder war, erlaubte aber seinem Gedächtnis nicht, ihn zu tyrannisieren. Die Erinnerung an vergangene Sünden ließ ihn demütig bleiben, aber er ließ sich dadurch in seinem Dienst nicht lähmen. »Ich vergesse, was dahinten ist, und strecke mich aus nach dem, was da vorne ist« (Phil 3,13): Das war seine Haltung, und es sollte auch unsere Haltung sein. Paulus benutzte sein früheres tragisches Versagen als Ausgangsbasis für das Erreichen neuer geistlicher Höhen.

Der Mensch kann vergeben, doch oft nicht vergessen,
was Böses geschehen. Doch, wer kann's ermessen:
In Liebe wirft Gott der Erlöser die Sünde
ins Meer des Vergessens, kennt sie nimmermehr.

Verfasser unbekannt.

Wenn wir aus unseren Fehlern genug gelernt haben, dann sollten wir unsere Fehler entschlossen aus dem Gedächtnis verbannen. Es lohnt sich, diesem Rat eines alten Heiligen zu folgen: »Vergieß' keine Tränen über den fleckigen Seiten deiner Vergangenheit. Statt dessen blättere um und freue dich über die schönen weißen Seiten, die dir noch bleiben.«

Zurückschauen kann auch sehr wertvoll sein. Der Ruderer zum Beispiel blickt rückwärts und gewinnt daraus den Schwung, noch schneller vorwärts zu kommen. Zurückschauen ist erlaubt, wenn es uns zu aktivem Handeln treibt. Es ist verboten, wenn es uns in zufriedene Nostalgie versinken läßt.

Gedächtnisschwäche kann im Alter durchaus freiwillig sein. Wenn alte Menschen die Orientierung und den Kontakt zur Außenwelt verlieren, dann erlauben sie ihrem Gedächtnis, mit der Arbeit aufzuhören, weil sie das vor der traurigen Erkenntnis bewahrt, daß sie allein sind.[3]

Daß die Gedächtnisschwäche, wenn auch oft unbewußt, doch freiwillig ist, wird deutlich bei Menschen, die ihr Gedächtnis zurückbekommen, wenn sie wieder fühlen, daß man sie lieb hat.

**Eine optimistische Einstellung**

Mancher altgewordene Christ ist traurig, weil er nicht behalten kann, was er in seinen Andachten liest. Sie schelten sich selbst, als ob sie daran schuld wären. Eine alte Dame sagte betrübt: »Nicht einmal an die Verheißungen der Bibel kann ich mich noch erinnern!«

Das ist in der Tat bedauerlich, aber die Dame hat keine Schuld. Und dagegen tun kann man auch etwas. Mein Vater hatte immer kleine Notizbücher bei sich, in die er besonders wertvolle Abschnitte der Heiligen Schrift eintrug oder wertvolle Gedanken, über die er nachdenken wollte. Eine gute Methode, einem schlechter werdenden Gedächtnis behilflich zu sein.

Ein alter Freund ist mir das beste Beispiel, wie man es genießen kann, alt zu werden, obwohl das Gedächtnis schlechter wird. Sein Leben lang war er ein hingegebener Leser und Lehrer der Bibel; aber nun ließ sein Gedächtnis nach, und er konnte sich an das, was er gelesen und gelernt hatte, nicht mehr erinnern.

»Am Morgen lese ich einen Abschnitt aus der Bibel«, sagte er zu mir, «und jede Menge völlig neuer Gedanken kommen mir in den Sinn. Ich denke: Diese Wahrheit erkenne ich heute zum erstenmal! Natürlich weiß ich, daß ich sie schon Hunderte von Malen gelesen und vermutlich auch darüber gepredigt habe, aber jetzt ist sie mir so neu und frisch, als lese ich es zum ersten Mal.« Was für eine gesunde Einstellung! Freuen wir uns an den Wahrheiten und Verheißungen der Heiligen Schrift, *während wir sie lesen*, selbst wenn wir sie nachher vergessen. Sie stehen immer noch in der Bibel, wir können sie ja ein andermal wieder lesen.

Fangen Sie Gottes Verheißungen oder gute Gedanken auf Papier ein, wenn Sie sie festhalten möchten. Und trösten Sie sich damit, *daß Gott seine Verheißungen nicht vergißt*, selbst wenn wir sie nicht mehr im Gedächtnis behalten können.

In all den Jahren deines Lebens,
hat Gott da je versagt?
Hat er dich nicht mit Schutz umgeben,
wenn du zuviel gewagt?
Gedenke der vergangenen Tage
und trau auf ihn allein.
Wenn sein du bist, bist du nicht einsam.
Er wird dir alles sein.

Fairlie Thornton

## Anmerkungen

1 Joyful News, Wort des Herausgebers, 17.09.1931.
2 Morton Puner, To the Good, Long Life, Macmillan, London 1974, S. 86.
3 William A. Nolen, Senility and How you can Avoid it«, McCalls, Oktober 1971.

# GESUNDHEIT — EIN WICHTIGES THEMA

Zweifelsohne — und nicht ohne Grund — ist die Gesundheit eines der wichtigsten Themen älterer Menschen. Gesundheit ist das Feld des Mediziners, nicht des medizinischen Laien. Aber da das Thema mit dem Altwerden zusammenhängt, wage ich es, das eine oder andere Gebiet, worüber sich die Fachleute weitgehend einig sind, zu erwähnen.

Obwohl jeder, der alt wird, mit einigen der typischen Altersbeschwerden rechnen muß, braucht doch nicht jeder ernsthaft krank zu sein. Viele machen sich zu viele Sorgen um ihre Gesundheit, und es ginge ihnen besser, wenn sie sich weniger darum kümmern würden. Anders ist es natürlich bei schwereren Krankheiten.

Alter und Krankheit müssen durchaus nicht zusammengehören. Unser Haar wird grau, vielleicht verschwindet es auch, wir werden etwas kurzatmiger, unsere Muskeln werden schwächer, unser Körper wird langsam verbraucht. Aber trotz dieser Unannehmlichkeiten sind viele bis ins hohe Alter kräftig und gesund. Und die Tatsache, daß selbst im hohen Alter sich viele Krankheiten noch gut behandeln lassen, zeigt auch, daß Krankheit und Alter nicht das gleiche sind.

Für viele ist es im Alter eine echte Sorge, daß sie pflegebedürftig und damit anderen zur Last werden könnten. Das ist in der Tat möglich, und wir müssen dieser Möglichkeit ins Auge sehen, und was man vorbereiten kann, sollte man vorbereiten.

Das Befinden unseres Körpers wird sehr stark von unserer geistigen und emotionalen Einstellung beeinflußt. Körper und Seele beeinflussen einander, und sowohl im körperlichen wie im seelischen Bereich ist Selbstdisziplin nötig, wenn es uns gut gehen soll. Wenn wir es versäumen, Geist und Körper zu üben, werden Apathie und Langeweile unser Los sein.

Heute gibt es viele Möglichkeiten, die unangenehmen Folgen von Krankheiten zu lindern oder zu beseitigen. Neue Medikamente können selbst das Fortschreiten solcher Leiden wie der Parkinsonschen Krankheit sehr verzögern. Oft liegt auch die Heilung in unseren eigenen Händen. Fettleibigkeit ist eine der Hauptursachen für Alterskrankheiten. Das ist meist, wenn auch nicht immer, die Folge davon, daß man mehr ißt, als der alternde Körper braucht und vertragen kann.

Wenn wir älter werden, verbrennt der Körper weniger Fett, weil wir nicht mehr so aktiv sind wie früher. Das Heilmittel ist eindeutig, und es ist leicht anzuwenden, aber die Motivation ist oft nicht stark genug, um Einsicht in Handeln umzusetzen. Die Betroffenen sind meist überzeugt, daß sie ja gar keine großen Esser sind. Aber einfach die Tatsache, daß ein Mensch zunimmt, ist der Beweis dafür, daß er mehr ißt, als er braucht.

Und das ist etwas, wofür niemand anders uns ein Heilmittel geben kann. Wenn man 65 ist, braucht man einfach 20 Prozent weniger Kalorien als mit 25.

## Gesundheitsprobleme

Auf einigen Gebieten haben ältere Menschen besonders oft Probleme.

*Bluthochdruck* ist eines dieser Gebiete. Es ist gut, wenn man seine Blutdruckwerte regelmäßig überprüfen läßt, so daß auftretende Schwierigkeiten frühzeitig behandelt werden können. Mit dem Alter werden unsere Arterien enger, und es ist mehr Druck nötig, das Blut durch die Adern zu pressen, deshalb ist der Blutdruck im Alter höher. Es besteht nur dann Grund zur Sorge, wenn die Blutdruckwerte ungewöhnlich hoch sind. Dann ist ärztlicher Rat nötig.

Zu hohes Körpergewicht kann auch eine Ursache zu hohen Blutdrucks sein.

*Unkontrollierbarer Harnfluß* wird von vielen alten Menschen und denen, die sie dann pflegen, sehr gefürchtet. Dieses Problem und der damit einhergehende Verlust an Unabhängigkeit wird manchmal »die letzte Demütigung« genannt. Der Gedanke, den Harnfluß nicht mehr kontrollieren zu können, ist besonders schlimm für die, die sehr kultiviert und anspruchsvoll sind, oder, die fanatisch auf ihrer Unabhängigkeit bestehen.

Aber für viele, die sich so sorgen, gibt es gute Nachrichten. Harnfluß ist keineswegs unvermeidlich. In vielen Fällen ist er auch heilbar und nur eine vorübergehende Episode, wenn er frühzeitig behandelt wird. Allerdings kommt es dabei darauf an, daß die zugrundeliegende Ursache gefunden und schnellstens behandelt wird.

Hinzu kommt, daß die Zahl derer, die dieses schlimme Leiden zu tragen haben, nicht sehr groß ist, und viele von ihnen können erfolgreich behandelt werden. Statistiken zeigen, daß 1965 in Großbritannien 94 Prozent der über 65jährigen in einer eigenen Wohnung lebten und nur 1 Prozent in psychiatrischen Kliniken, und zu dieser Gruppe gehört die Mehrzahl derer, die an Harnfluß leiden.

Ein Arzt der Altersheilkunde sagte, daß Harnfluß insgesamt vergleichsweise selten ist und daß der alternde Mensch sich keine Sorgen darum machen solle. Hohes Alter an sich führt nicht zu Harnfluß. Manchmal führt die Abhängigkeit von Schlaftabletten dazu.

Ein verwandtes Problem ist die *Darmtätigkeit*. Manchen bereitet sie sehr viele Sorgen. Aber auch für die, die nicht täglich Stuhlgang haben, gibt es gute Nachrichten. Die Mediziner sind sich weitgehend einig, daß täglicher Stuhlgang zwar wünschenswert ist, daß aber bei manchen Menschen Stuhlgang alle zwei oder drei Tage normal ist und keine unangenehmen Folgen hat. Manchmal wird ärztliche Hilfe nötig sein, aber ohne ärztliche Verordnung starke Abführmittel zu nehmen, ist nicht weise. Wenn Verstopfung ein wirkliches Problem ist, brauchen Sie ärztlichen Rat, genauso bei zu häufigem Harndrang.

Immer häufiger bekommen alte Leute heute einen *Schlaganfall*, der zum Verlust des Sprechvermögens und zur teilweisen Lähmung führen kann. Statistisch muß einer von zehn über 70jährigen mit einem leichteren oder schwereren Schlaganfall rechnen. Das ist schlimm, aber die Möglichkeiten der modernen Medizin vermindern in einer zunehmenden Anzahl von Fällen die Folgen, und viele von uns kennen sicher Menschen, die sich nach einem Schlaganfall so erholt haben, daß sie fast normal leben und vieles unternehmen können.

*Richtige Ernährung* spielt bei der Erhaltung der Gesundheit im Alter eine wichtige Rolle, und ein wichtiger Beitrag dazu ist es, zu genießen, was man ißt! Wie wir in jüngeren Jahren gegessen haben, bestimmt mit, wie es uns im Alter geht. Ich sagte ja schon, daß energiereiche Nahrungsmittel wie Kohlehydrate in diesem Alter nicht mehr so nötig sind. Deswegen sollten Früchte, Fleisch, Fisch, Gemüse und Vollkornprodukte besonderes Gewicht haben. Ältere Leute sollten weniger essen als früher, aber mehr trinken. Wenn die Ernährung ausgeglichen ist, braucht man weniger Tabletten. Manchen bekommt es auch besser, wenn sie häufiger kleinere Mahlzeiten einnehmen.

Was die *Bettlägerigkeit* angeht, so haben sich in den letzten Jahren die Ansichten gewandelt. In der heutigen Chirurgie geht die Tendenz dahin, den Patienten so bald wie möglich sich ein wenig bewegen zu lassen. Natürlich gibt es Fälle, wo der Arzt auf unbedingter Bettruhe bestehen muß. Aber wenn es einem Menschen einigermaßen gut geht, dann kann unnötige Bettruhe eher ein Nachteil als eine Hilfe sein.

Es bekommt dem Körper nicht, wenn man stundenlang im Bett liegt. Wir dürfen uns nicht dauernd ausruhen, nur weil wir alt sind. Wer aktiv bleibt, behält die beste Gesundheit. Zu viel Bettruhe beeinflußt uns nicht nur psychisch negativ und läßt uns schwächer sein, als wir wirklich sind, sie kann auch noch zu anderen Komplikationen führen. Harnfluß z.B. tritt häufiger bei bettlägerigen Patienten auf als bei denen, die sich bewegen.

## Wieviel Schlaf?

Es ist sehr unterschiedlich, wieviel Schlaf ein Mensch braucht. Wenn wir älter werden, schlafen wir meist nicht so tief und so gut wie früher. Manche haben immer schon schlecht geschlafen, im Alter entzieht sich ihnen dann der Schlaf noch mehr. Andere, gute Schläfer behalten dieses beneidenswerte Geschenk bis ins hohe Alter. Aber manche brauchen auch nicht viel Schlaf. Ich kenne einen Mann, der erst im Alter in die Missionsarbeit ging. Er sagte mir, wenn er mehr als vier Stunden Schlaf in der Nacht finde, könnte er über den Mond springen.

Es ist allgemein so, daß ältere Menschen häufiger wach werden und weniger Stunden schlafen. Einige machen schlaflose Nächte dadurch wett, daß sie früher schlafen gehen oder später aufstehen. Auch ein Mittagsschlaf kann eine gute Hilfe sein.

»Wer arbeitet, dem ist der Schlaf süß, er habe wenig oder viel gegessen; aber die Fülle des Reichen läßt ihn nicht schlafen« (Pred 5,11). Vielleicht spricht hier der Prediger aus eigener Lebenserfahrung, aber seine Worte können auch uns, die wir älter werden, etwas sagen. Wenn wir darauf achten, was wir essen, besonders abends, dann mag das auch unseren Schlaf fördern.

Nichts vertreibt den Schlaf mehr als die Sorge, am allermeisten die Sorge um den Schlaf. Diese Sorge kann bewirken, daß wir wirklich nicht schlafen. Man sagt, daß wir auch dann, wenn wir nicht gut schlafen, noch 85% der Erholung bekommen, vorausgesetzt, daß wir entspannt sind und uns über unsere Schlaflosigkeit keine Gedanken machen.

Wenn es uns auch nicht so erscheint, so bekommen wir doch meist mehr Schlaf, als wir ahnen. Man sollte das einmal mit einer Kuckucksuhr überprüfen! Ein bißchen Schlaflosigkeit ist harmlos, besonders im Alter. Man muß nur ruhig liegen und über erbaulichere Themen nachdenken als über die Schlaflosigkeit! Manchmal tut es auch gut, aufzustehen, was Heißes zu trinken und zur Toilette zu gehen. Manchen tut auch leichte Lektüre gut.

Schlaftabletten sollten nur letztes Mittel sein, niemals Gewohnheit, obwohl manchmal sehr leichte Schlafmittel angebracht sein mögen.

Ohne Zweifel ist es eine der besten Vorbereitungen für die Nachtruhe, den Tag so aktiv wie möglich zu verbringen. Wir dürfen nicht vergessen, daß Schlaf nach Untätigkeit durchaus nicht dasselbe ist wie Ruhe nach Anstrengung, die verbrauchte Kräfte erneuert und neue Energie für den nächsten Tag bereitstellt.

Und wenn wir nun wirklich nicht einschlafen können? Dann sollten wir an die Schlaflosigkeit Gottes denken, denn siehe, »Er schläft noch schlummert nicht« (Ps 121,4).

Amy Carmichael von Dohnavur, die mehr an Krankheit und Schlaflosigkeit zu leiden hatte als andere, beschreibt ihre Erfahrungen so:

> Die Schlaflosigkeit mag grundlos sein, denn der akute Schmerz ist vorbei. Wie sinnlos ist diese Art, die Zeit zu verbringen, und zudem macht sie den nächsten Tag noch mühsamer....
>
> Und trotzdem schlafen wir nicht ein. Warum?
>
> Ich habe erlebt, daß Gebete schließlich doch erhört werden, wenn nicht durch Schlaf, dann durch etwas Besseres, durch den Frieden, der alles Verstehen übersteigt: unerklärlicher Friede, Friede, der der Müdigkeit des Morgens ihre Schärfe nimmt und das Unmögliche möglich macht. Dann ist das alte Wort gesegnete Wirklichkeit geworden: »Wenn er Ruhe gibt, wer kann dann noch Unruhe machen?«[1]

## Fit bleiben

Für alte Menschen mag hartes Training weder wünschenswert noch möglich sein, aber dem Alter angemessene körperliche Übungen sind äußerst wichtig, wenn die bestmögliche Gesundheit erreicht werden soll. Inaktivität gehört nicht zu hohem

Alter!

In einem Artikel im *Toronto Star* schrieb Dr. Herbert de Vries vom Gerontologischen Zentrum der Universität von Südkalifornien: »Ältere Menschen können bis zu 30 Prozent ihres jugendlichen Schwungs gewinnen, wenn sie nur regelmäßig körperliche Übungen machen.«[2] Zu diesem Ergebnis kam er aufgrund zehnjähriger Forschungen.

Als die beste körperliche Übung zur Wiedergewinnung der Vitalität empfahl er das Spazierengehen. Es ist besonders geeignet, weil es so abgestuft werden kann. Man kann schnell oder langsam gehen, allein oder mit anderen; man kann durch den Park gehen oder durch die Straßen, sommers genauso wie winters. Man braucht es weder gelernt zu haben, noch braucht man eine Spezialausrüstung — nur einen Spazierstock. Und immer, wenn man will, kann man eine Pause einlegen!

Joggen oder ähnliches ist für ältere Menschen riskant, es sei denn, sie haben es schon früher betrieben und der Arzt stimmt zu.

Eine Regel gilt für alle körperlichen Übungen: Mäßigkeit. Man sollte damit aufhören, wenn man schön müde ist.

Körperliche Tätigkeit regt den Stoffwechsel an, und das ermöglicht es dem Körper, mehr Nahrung in Energie umzusetzen. Je aktiver der Körper ist, desto besser geht es ihm.

Im *South African Digest* vom 17.10.1980 erschien folgende Nachricht: »Ein 70jähriger Südafrikaner bezwang zwölf der höchsten und gefährlichsten Gipfel der Schweizer Alpen — darunter den Todesberg Eiger —, indem er unter schwierigsten Bedingungen senkrecht im Eis hochstieg.« Das hat mit Sicherheit dem Mythos, daß körperliche oder geistige Aktivität abnehmen müssen, wenn man ein bestimmtes Alter erreicht hat, den Rest gegeben!

Wir brauchen uns, soweit wir nicht ernsthaft krank sind, vor körperlicher oder geistiger Aktivität nicht zu scheuen, vorausgesetzt, wir übertreiben nicht. Wenn wir unsere Aktivität langsam steigern, werden wir feststellen, daß damit auch unsere Fähigkeiten wachsen.

Es macht einen großen Unterschied , ob wir nach solcher körperlichen Anstrengung ausruhen oder nach Untätigkeit. Ruhe bringt nicht in jedem Fall neue körperliche Energie. Wer hat nicht festgestellt, daß am Morgen der Körper schwerfällig und wenig elastisch ist und daß die Gelenke steif sind? Erst wenn wir dann anfangen, uns zu bewegen, fangen wir an, gelenkig zu werden. Wenn wir zu lange im Bett bleiben, dann wachsen unsere Kräfte nicht, eher tritt das Gegenteil ein. Ruhe nach Anstrengung dagegen gibt neue Kräfte.

Eine Gruppe von Medizinern beobachtete eine Anzahl von Menschen, die im Alter von 60 Jahren mit systematischen körperlichen Übungen begannen. Es waren alles gewöhnliche Bürger, keine Sportler. Diese Gruppe wurde bis zum Alter von 70 Jahren beobachtet. Es ging ihnen tatsächlich körperlich mit 70 Jahren besser als 10 Jahre vorher. All das soll uns ermutigen, uns körperlich zu betätigen, auch wenn es nur in milder Form geschieht.[3]

### Anmerkungen

[1] Amy W. Carmichael, Rose from Briar, London, SPCK, 1933, S. 192f.
[2] Toronto Star, 18. September 1980.
[3] Irene Gore, Age and Vitality, Unwin, London 1973, S. 80.

## WAS DEN FRIEDEN STÖRT

Selbst ernste Christen, die ihr Leben lang treu in der Nachfolge Jesu gestanden haben, erleben es manchmal, wenn aufgrund des Altwerdens ihre geistigen Kräfte nachlassen und sie deswegen ihr Denken schlechter kontrollieren können, daß *unerwünschte Gedanken* auf sie einstürmen bis hin zu obszönen oder gar gotteslästerlichen Gedanken, die überhaupt nicht zu ihrem Charakter passen.

Es kann auch sein, daß völlig unbegründete Ängste über einen Menschen hereinbrechen. Ein mir sehr lieber Freund erzählte mir, daß ihn gelegentlich Ängste um die Sicherheit seiner inzwischen erwachsenen Kinder und ihrer Familien plagen. Obwohl er weiß, daß diese Ängste unbegründet sind, so sind sie doch störend.

Wir dürfen uns sagen, daß wir an solchen Gedanken nicht schuld sind und uns keine Vorwürfe zu machen brauchen. Solche Gedanken kommen aus der Hölle, nicht aus dem Himmel, und so sollten sie auch behandelt werden.

Verantwortlich sind wir nur in den Bereichen unseres Lebens, die unter unserer Kontrolle sind. Wenn unerwünschte Gedanken uns überfallen, sollten wir sie sofort zurückweisen und auf den Herrn werfen. Petrus gibt uns diesen weisen Rat: »Alle eure Sorgen werfet auf ihn; denn er sorgt für euch« (1. Petr 5,7).

All deine Sorgen — das Morgen mit seinen Problemen;
wenn länger nun werden die Schatten am Abend;
wenn Ängste vor Leiden und Schwächen dich treffen...
vor Kummer und Tod, vor einsamen Tagen: —
Wirf sie auf Jesus; er teilt deine Zukunft.
Was dir auch geschieht, du bist ja sein.

Joan Suisted

Jetzt, wo wir mehr Zeit zum Nachdenken haben, sehen wir manchmal frühere Ereignisse in ganz neuer Deutlichkeit. In der Geschäftigkeit unserer jungen Jahre war es einfach, die Dinge von uns abgleiten zu lassen, aber jetzt können wir ihnen nicht mehr ausweichen, und Bedauern erfüllt uns.

Natürlich gibt es Fälle, wo Bedauern berechtigt ist. Wenn das so ist, sollten wir die Dinge Gott bekennen und, wo es nötig ist, auch denen beichten, denen wir Unrecht getan haben. Und wo es möglich ist, müssen wir auch Wiedergutmachung leisten. Wenn wir alles getan haben, was in unserer Macht steht, dann sollten wir die verheißene Reinigung durch das Blut Christi (1. Joh 1,9) annehmen und dann das Ganze bewußt aus unserem Denken verbannen. Weigern Sie sich konsequent, das Thema wieder aufzunehmen. Warum sollten wir uns an das erinnern, was Gott vergessen hat?

## Dinge in Ordnung bringen

Wenn die, die wir verletzt oder beleidigt haben, inzwischen schon gestorben sind, dann können wir nur eins tun. Da Wiedergutmachung nicht mehr möglich ist, können wir nur vor Gott unserer Reue Ausdruck geben, seine Vergebung annehmen und die Sache als erledigt betrachten. Es ist nutzlos, unsere gegenwärtige Gemeinschaft mit Gott dadurch zu verderben, daß wir die Geister vergeblicher Reue beherbergen.

Auf einer Konferenz in Kalifornien sprach mich ein älterer Mann an, weil er gehört hatte, daß ich Neuseeländer sei. Er sagte mir, er habe vor 50 Jahren in Neuseeland gelebt in einer Stadt, in der ich auch gewohnt hatte. Im Laufe der Unterhaltung fragte er mich auch, ob ich einen Rechtsanwalt namens John Wilkinson kenne. »Kennen?«, antwortete ich, »ich habe für ihn gearbeitet.« Und so sprachen wir also von gemeinsamen Bekannten.

Am Ende des Gesprächs erkundigte er sich, ob Wilkinsons Sohn noch lebe. Ich sagte ihm, er sei gestorben. »Das ist aber sehr schade«, antwortete er. Als ich fragte, warum er traurig sei, zögerte er — und sagte dann: »Als ich Dunedin verließ, schuldete ich Mr. Wilkinson noch eine Summe Geldes, die ich nie zurückgezahlt habe. Gott hat in dieser Sache hier auf der Konferenz zu mir gesprochen, und ich dachte, ich könnte dem Sohn bezahlen, was ich seinem Vater schuldete. Aber jetzt ist es zu spät. Was kann ich tun?«

Ich schlug vor, daß er die angemessene Summe für ein christliches Werk geben sollte. Gott würde das als Beweis der Reue annehmen und um Christi willen die Sünde vergeben. Er erzählte mir später, daß er das getan habe und die Freude seines Glaubens sei zurückgekehrt.

Welch ein Beispiel für die persönliche Fürsorge unseres himmlischen Vaters! Er bringt unter den 230 Millionen Amerikanern die wohl einzigen beiden Leute zusammen, die vor 50 Jahren John Wilkinson kannten, nur damit ein alter Mann die Gelegenheit bekäme, eine 50 Jahre alte Sünde zu bereinigen.

Unverarbeitete Gefühle wegen Unterlassungen oder direkter Verfehlungen in der Vergangenheit, ganz gleich, ob real oder eingebildet, können schwere psychische Störungen hervorrufen. Böse Erinnerungen vertreiben den Schlaf. Aber wir erleben psychische Heilung, wenn wir diesen quälenden Gedanken und den mit ihnen verbundenen Selbstvorwürfen fest ins Auge sehen und mit ihnen schriftgemäß umgehen.

Es ist sehr gut möglich, daß es sich in Wirklichkeit um *falsche Schuldgefühle* handelt, die vom Satan kommen, nicht von Gott. Satan kämpft unfair, am liebsten greift er da an, wo der Gläubige sich am schlechtesten gegen die »feurigen Pfeile des Bösen« (Eph 6,16) verteidigen kann.

Weniges ist schlimmer, als von der anklagenden Stimme eines schwachen oder schuldigen Gewissens verklagt zu werden. Wenn das der Fall ist und unser Gewissen uns verdammt, dann sollten wir uns daran erinnern, daß uns, wenn wir sie bekennen, *auch die schlimmste Sünde vergeben wird*. Sofort und endgültig ist dann die Schuld aus dem Gewissen verbannt.

Dies ist die herrliche Botschaft von Hebräer 9,13-14: »Denn

wenn schon das Blut von Böcken und Stieren und die Asche von der Kuh durch Besprengung die Unreinen heiligt, so daß sie äußerlich rein sind, um *wieviel mehr* wird dann das Blut Christi, der sich selbst als Opfer ohne Fehl durch den ewigen Geist Gott dargebracht hat, *unser Gewissen reinigen* von den toten Werken, zu dienen dem lebendigen Gott!«

Der Heilige Geist betont hier die Kraft des Blutes Christi, das völlige Reinigung bringt. Die Worte »wieviel mehr« betonen noch zusätzlich die Überlegenheit des Opfers des sündlosen Lebens Christi gegenüber dem Opfer stummer Tiere. Der Sühnetod Christi ist auch für den schwächsten Gläubigen vollgültig, wäre sein Glaube noch so kraftlos.

## Sorge ist Unglaube, und sinnlos ist sie auch

Angst und Sorge vor der Zukunft ist ein echtes Problem für alle, deren Einkommen durch Entlassung, Arbeitslosigkeit oder Rente geringer wird. Es ist nur natürlich, wenn ältere Menschen sich Sorgen machen, wie alles weitergeht. Bei einem so weitverbreiteten Problem nimmt es nicht wunder, daß der Herr uns dazu weise Ratschläge gibt.

> Darum sage ich euch: Sorgt nicht um euer Leben, was ihr essen und trinken werdet; auch nicht um euren Leib, was ihr anziehen werdet. Ist nicht das Leben mehr als die Nahrung und der Leib mehr als die Kleidung?
>
> Seht die Vögel unter dem Himmel an: sie säen nicht, sie ernten nicht, sie sammeln nicht in die Scheunen; und euer himmlischer Vater ernährt sie doch. Seid ihr denn nicht viel mehr als sie?
>
> Wer ist unter euch, der seines Lebens Länge eine Spanne zusetzen könnte, wie sehr er sich auch darum sorgt? Und warum sorgt ihr euch um die Kleidung? Darum *sollt ihr nicht sorgen* und sagen: Was werden wir essen? Was werden wir trinken? Womit werden wir uns kleiden?... Euer himm-

lischer Vater weiß, daß ihr all dessen bedürft.

Darum *sorgt nicht* für morgen, denn der morgige Tag wird für das Seine sorgen. Es ist genug, daß jeder Tag seine eigene Plage hat (Aus Mt 6,25-34).

In diesem lebensvoll eindringlichen Abschnitt macht Jesus nicht die kluge Vorsorge schlecht. Solche Vorsorge ist weise und lobenswert. Jesus verbietet nicht Vorsorge, sondern *übermäßige Sorge*. Die Zeitformen der Worte, die er benutzt, sind wichtig. In Vers 25 ist die Bedeutung: Hört auf zu sorgen! Wenn Sie es sich schon angewöhnt haben, hören Sie damit auf! In Vers 31 ist die Bedeutung: Sorgt euch nicht! oder macht euch keine Sorgen! Wenn es noch nicht Ihre Gewohnheit ist, sich zu sorgen, dann fangen Sie gar nicht erst damit an! Ganz gleich, was geschieht, machen Sie sich keine Sorgen. Da Christus es befiehlt, ist es durch die Hilfe des Heiligen Geistes auch möglich, dieses Ziel zu erreichen.

Jesus Christus führt die väterliche Fürsorge Gottes als Grund dafür an, daß man sich um die Dinge dieser Welt keine Sorgen machen solle. Und die Fürsorge des Vaters für die Tiere ist ein Argument dafür, daß er auch für die Menschen sorgt. Bei so einem Vater sind Sorgen *grundlos*. Aber Sorgen *sind auch nutzlos*, denn sie können die Vergangenheit weder zurückholen noch ungeschehen machen, und sie können auch kein zukünftiges Unglück verhindern oder ihm ausweichen. Sorgen über die Gegenwart sind auch *sinnlos*, denn sie schaffen eher Magengeschwüre und Thrombosen als Lösungen. Sorgen schwächen unsere Urteilsfähigkeit und nehmen uns die Fähigkeit, vernünftige Entscheidungen zu treffen.

Aber noch schlimmer: *Sorgen ist Unglaube*. Für Jesus sind Sorgen und Angst keine liebenswerten erblichen Schwächen, mit denen wir leben lernen müssen. Für Jesus ist Sorgen Mangel an Glauben und Mangel an Vertrauen zu seinem Vater. Das ist also keine kleine Sache, denn »ohne Glauben ist's unmöglich, Gott zu gefallen« (Hebr 11,6).

In meinem Büro hatte ich einen Spruch hängen, den Leute

selten lasen, ohne sich dazu zu äußern. Er lautete: »WARUM VERTRAUEN, WENN MAN SICH AUCH SORGEN MACHEN KANN?« Fast alle Besucher betonten, daß die Reihenfolge der Worte falsch sei — und sie hatten ja auch recht. Aber daß die Reihenfolge so lautete, lenkte die Aufmerksamkeit auf die Tatsache, daß wir dazu neigen, uns mehr über unsere Probleme zu sorgen, als Gott zu vertrauen, daß er sie löse. Wir verlassen uns auf Gott in der so ungeheuer wichtigen Frage unserer Erlösung, sind aber zugleich sehr zaghaft, wenn wir uns in weit weniger wichtigen Dingen auf ihn verlassen sollen.

Vertrauen und Sorgen können nicht im selben Bett schlafen. Sie passen unwiderruflich *nicht* zusammen. Ängstliches Sorgen paßt nicht zu Kindern Gottes, denn sie vertrauen Gott.

Den Schlüssel zu dem, was der Herr über dieses Thema sagt, finden wir in Matthäus 6,33: »Trachtet zuerst nach dem Reich Gottes und nach seiner Gerechtigkeit, so wird euch das alles zufallen.«

Daraus können und müssen wir lernen: Wenn wir Gott und sein Reich an die erste Stelle setzen, wenn es das Ziel unseres Lebens ist, einen geheiligten Charakter zu gewinnen, dann brauchen wir uns nicht zu sorgen. Der Vater wird sich um alles kümmern, was wirklich nötig ist.

Vertrauen auf die Fürsorge des himmlischen Vaters führt zu Ruhe und Gelassenheit. Das heißt nicht, daß unser Glaube keine Prüfungen zu bestehen hat, aber es bedeutet, daß der Glaube auch in der schwersten Prüfung nicht versagen wird.

Jesus drängt: Fügt doch die (vielleicht auftretenden) Sorgen von morgen nicht zu den (wirklichen) Sorgen von heute hinzu! Warum sollen wir die Last des heutigen Tages vergrößern, indem wir die Sorgen von morgen vordatieren? »Darum sorgt nicht für morgen, denn der morgige Tag wird für das Seine sorgen« (Mt 6,34).

Aus »Macht des Gebets«

Warum denn nur sollten wir uns das antun

oder auch anderen, daß wir nicht stark sind
und uns überlasten mit Sorg', ohn' zu ruhn.
Wir müssen ja schwach nicht und mutlos nicht sein.
Du brauchst nicht zu sorgen, wenn du nur betest,
Freude und Kraft und Mut sind dann dein!

Richard Chenevix Trench

**Langeweile**

Besonders für solche, die ein geschäftiges Leben geführt haben und nun plötzlich im Ruhestand sind, kann ganz einfache Langeweile ein echtes Problem sein. Die Tage bieten keine Herausforderung, die Stunden schleppen sich dahin. Vielleicht ist man irgendwie beschäftigt, aber was man tut, hat wenig Zweck, und so scheint ein Tag so sinnlos wie der andere.

Dieses Problem betrifft am stärksten jene, die in ihrem Leben keine geistigen Interessen gepflegt haben, die sie ins Alter hätten mitnehmen können — also die Menschen, die nicht die innere Kraft haben, neue Interessen zu entwickeln. Die unangenehme Möglichkeit der Langeweile sollte jeden Leser, der noch nicht im Rentenalter ist, dazu bringen, sich sofort so darauf vorzubereiten, daß er nicht der Langeweile verfallen muß.

Einer der besten Wege, die Langeweile zu überwinden, ist es, sich um andere zu kümmern, besonders um Einsame, Behinderte und Benachteiligte. Wer sich dagegen nur mit sich selbst beschäftigt, verfällt dem Selbstmitleid. Und das sollte so behandelt werden wie Unkraut, denn genau das ist es auch. Wenn wir uns dauernd lautstark bedauern, dann werden wir sehr bald entdecken, daß wir die Sympathie anderer verscherzen.

Und dann gibt es da noch eine andere Gefahr. Wenn wir uns langweilen, werden wir selbst langweilig — und das vermindert unvermeidlich unsere Kontakte zu anderen Menschen. Nicht nur alte Leute können langweilig werden. Aber weil ihre Kontakte nach außen weniger werden und ihr Lebensbereich kleiner wird, verringern sich auch die Themen, über die sie sich unterhalten können. Das ist ein wichtiges Argument dafür, seinen Horizont durch Lesen zu erweitern. Wenn die Zeitung die einzige geistige Nahrung eines Menschen ist, dann ist es kein Wunder, wenn er immer die gleichen Ansichten vertritt und immer dieselben Geschichten erzählt. Und das kann schon langweilig sein.

Menschen brauchen nicht weniger intelligent, anregend und interessant zu sein, nur weil sie alt sind. Wenn sie sich die Mühe machen, ihre Fähigkeiten fortzuentwickeln, dann werden sie feststellen, daß sie auch die Möglichkeit behalten, sich für Neues zu interessieren und Gewohntes wie bisher Ungewohntes zu unternehmen. Dann haben sie auch neue Themen, über die sie sich unterhalten können, und sind geschätzte Gesprächspartner und nicht Leute, um die man sich nur kümmern muß.

**Einsamkeit**

Häufig gesellt sich zu dem Gewicht des Alters noch das schmerzhafte Gefühl wachsender Einsamkeit. Wenn unsere körperlichen Begrenzungen unsere Kontakte zur Außenwelt weniger werden lassen und wenn unsere Altersgenossen einer nach dem anderen sterben, dann ist ein gewisses Maß von Einsamkeit unvermeidlich. Das ist ein Minus des Alters. Einsamkeit ist kein »Vorrecht« des Alters, aber wer sehr alt wird, den trifft sie am ehesten.

In dieser Situation geht es denen noch am besten, die in jüngeren Jahren eine Vielzahl von guten Freundschaften aufgebaut haben. Wenn man älter wird, verkleinert sich der Lebenskreis, und aus dem einen oder anderen Grund bekommt man einfach weniger Besuch. Unsere Freunde werden weniger mobil oder ziehen weg. Die Zeit geht nicht immer gut mit Freundschaften um.

Bei einer sozialwissenschaftlichen Umfrage (in Europa) gaben 30 Prozent der befragten Rentner an, daß sie nie jemand besuche! Und die zunehmende Zahl von Hochhauswohnungen macht die Einsamkeit nur noch schlimmer.

Ihren Höhepunkt erreicht die Einsamkeit, wenn wir liebe Menschen verlieren, besonders den Partner einer glücklichen Ehe. Je enger die Beziehung war, desto größer wird der Schmerz sein und desto größer die Einsamkeit, die folgt. Christsein heißt nicht un-menschlich zu werden. Der Christ empfindet den Verlust genauso tief und wirklich wie jeder andere Mensch auch, aber für ihn gibt es Kräfte, die den Schmerz lindern und die Nicht-Christen unbekannt sind.

Wer in seinem beruflichen Leben die angenehme Unterhaltung mit Freunden und Mitarbeitern gewohnt war und dann als Rentner ihre Gesellschaft plötzlich verliert, fühlt sich akut alleingelassen — zumindest anfangs. Es kann ja sein, daß er auch vorher schon einsam war, es nur nicht richtig merkte, weil die Tage so ausgefüllt waren und das Leben so fordernd. Aber jetzt bringt die zunehmende Muße diese Tatsache schmerzhaft ins Bewußtsein. Man hat beobachtet, daß soziale Integration nach fünfzig schwerer, allerdings keinesfalls unmöglich wird.

## Die ausgleichende Gegenwart

Das tiefe Gefühl innerer Einsamkeit, das auch die junge Generation so weitgehend erfaßt hat, wird, ganz gleich, ob wir alt oder jung sind, in seiner ganzen Tiefe nur durch eine lebendige Gemeinschaft mit dem immer gegenwärtigen Christus beseitigt. An wie vielen Stellen bezeugt uns die Schrift diese herrliche Möglichkeit; aber wir müssen diesen Verheißungen vertrauen und sie uns glaubend aneignen. Hier ist eine Auswahl der gewaltigen und kostbaren Verheißungen, die darauf warten, daß wir sie uns zu eigen machen.

»Mein Angesicht soll vorangehen, ich will dich zur Ruhe geleiten« (2. Mose 33,14)

»Und ob ich schon wanderte im finsteren Tal, fürchte ich

kein Unglück, denn du bist bei mir ‹ (Ps 23,4)
› Fürchte dich nicht, ich bin mit dir; weiche nicht, denn ich bin dein Gott. Ich stärke dich, ich helfe dir auch, ich halte dich durch die rechte Hand meiner Gerechtigkeit ‹ (Jes 41,10)
› Siehe, eine Jungfrau wird schwanger werden und einen Sohn gebären, und sie werden ihn Immanuel nennen, das bedeutet: Gott mit uns ‹ (Mt 1,23)
› Siehe, ich bin bei euch alle Tage bis an der Welt Ende ‹ (Mt 28,20)
› Er selbst hat gesagt: › Ich will dich nicht verlassen und nicht von dir weichen. ‹ So dürfen auch wir getrost sagen: › Der Herr ist mein Helfer, ich will mich nicht fürchten; was kann mir ein Mensch antun? ‹‹ (Hebr 13,5-6)

Gebet hebt die Einsamkeit auf, weil es nicht nur die Gemeinschaft mit Gott vertieft, sondern auch, weil es uns ermöglicht, mit unserem Mitgefühl und unserer Fürbitte die ganze Welt zu umfassen. Allerdings werden Gebete, die sich nur um uns, unsere engen Interessen drehen, das nicht erreichen. Wenn unser Herz weit wird und einen wachsenden Kreis von Menschen umschließt, die Hilfe brauchen, dann werden wir entdecken, daß das Gebet wirklich die Einsamkeit aufhebt. Wenn wir uns dagegen auf unsere Einsamkeit konzentrieren, machen wir uns das Leben nur schwer.

Die glücklichsten — und oft auch die gesündesten — älteren Menschen sind die, die sich nicht so viel mit sich selbst beschäftigen, denn wer sich dauernd um sich selbst kümmert, ruft genau die Einsamkeit hervor, die er vertreiben will. Wenn man alt wird, dann hängen Glück und Fröhlichkeit viel mehr von unserer *Haltung* ab als von den Lebensumständen, selbst wenn die schwierig genug sind. Manchen hilflosen Kranken besucht man gerne, weil er sich nicht auf sich selbst konzentriert, sondern anderen Menschen zugewandt ist.

Andere besucht man ungern. Man bekommt die ganze Reihe der Beschwerden und Schmerzen dargestellt und wird über alle in Vergangenheit und Gegenwart in Wirklichkeit oder in der Einbildung erlittenen Leiden informiert. So real das für den Kranken auch sein mag, das ständige Wiederholen mindert den Schmerz nicht, es sorgt nur dafür, daß die Besucher seltener kommen.

Für Unverheiratete und Verwitwete ist die Einsamkeit besonders drohend. Sie haben keinen Ehepartner, mit dem sie Freude und Sorge teilen oder Probleme besprechen können. Da es dreimal so viele Witwen wie Witwer gibt, ist das besonders ein Frauenproblem. (Hierzu ist zu bemerken, daß die Bibel viel über und für Witwen zu sagen hat, aber wenig über Witwer.)

Ledige oder Verwitwete sollten in den Herzen ihrer Mitchristen besonderen Raum haben. Sie müssen genauso wie jeder andere das Leben bewältigen, aber ihnen fehlt doch oft die stützende Liebe, die ein Ehepartner geben kann. Eine enge und verläßliche Freundschaft kann diese stützende Liebe bieten, und darum sollte man beten.

Wir sollten uns nicht so leicht mit der Einsamkeit abfinden — es gibt allerhand, was wir dagegen tun können. Wenn wir der unfruchtbaren Wüste der Einsamkeit entgehen wollen, müssen wir der weitverbreiteten Neigung widerstehen, uns auf uns selbst zurückzuziehen.

Wenn wir uns selbst verlieren über den Interessen und Bedürfnissen anderer, wenn wir Ziele haben und Schritte gehen, die über uns hinausreichen, dann gehen wir auf der Straße, die aus der Einsamkeit herausführt.

Auf einer Party kam man aufs Altsein zu sprechen. Eine Dame wurde gefragt: »Wie ist es eigentlich, wenn man alt ist?« Der Dame war es peinlich, weil man *ihr* die Frage gestellt hatte, und sie zog vor, sie zu ignorieren. Zehn Minuten später rief sie die Fragerin, und so, daß es im Gewühl keiner hören konnte, flüsterte sie ihr zu: »Vor allem, man ist so einsam!« Viele würden genauso geantwortet haben. Aber es gibt ein Heilmittel.

In ihrem Buch »Who Walk Alone« (Die da allein gehen) schlägt Margaret Evening einen optimistischen Ton an, ohne dabei den Tatsachen auszuweichen:

> Die Zeit wird kommen, wo die meisten von uns, ob sie es nun wollen oder nicht, vom Alter und dem Abnehmen der Kräfte in die Einsamkeit gezwungen werden. Viele fürchten sich vor dieser Zeit, und selbstverständlich sollen wir dann nicht in Trägheit verfallen und unseren Mitmenschen immer lästiger werden. Wir müssen aktiv bleiben, solange wir es vermögen. Aber trotzdem werden wir zwangsläufig immer mehr vereinsamen.
>
> Wenn wir uns nach Alleinsein gesehnt haben und gelernt haben, gerne allein zu sein, weil wir Gott in der Stille finden, dann sollten die letzten Jahre des Lebens die glücklichsten sein, Jahre, in denen wir ihm so nahe sind, daß seine Liebe durch uns hindurch zu zahllosen Menschen strömt.[1]

Ein anderer Autor gibt zu bedenken, daß Einsamkeit manchmal Gottes Weg sein kann, um unsere ungeteilte Aufmerksamkeit zu gewinnen. Einsamkeit kann ein Segen sein, wenn sie uns seine Gegenwart bewußt macht und uns lehrt, seinen Willen zu tun.

> Entweder transzendiert der Mensch seine Einsamkeit in einer neuen Begegnung mit Gott, oder er verfällt dem Leiden an der Vereinsamung, das in extremen Fällen sogar zur letzten Verzweiflung führen kann.[2].
>
> Alfons Deeken

Und deswegen wollen wir die erneute Begegnung mit Gott suchen.

## Selbstmitleid erschwert das Leben

Für einen alten Menschen, dessen Kräfte abnehmen und der deswegen Depressionen erlebt, ist nichts leichter, als sich auf sich selbst zurückzuziehen. Diese Einstellung verschlimmert aber die Lage. Wenn wir uns fest entschlossen von unseren eigenen Schmerzen, Mühsalen und Unpäßlichkeiten abwenden und statt dessen uns darauf konzentrieren, anderen das Leben zu erleichtern, finden wir Erleichterung für das, was uns beschwert. Als Hiob für seine Freunde bat, wendete der Herr sein Geschick (Hiob 42,10). »Wenn ich anderen in ihren Leiden helfe, werde ich immun gegen meine eigenen Leiden«, so hat es einmal jemand formuliert, der über seine eigenen Schwierigkeiten triumphiert hatte.

Als Josephine Butler, eine der bedeutendsten Erzieherinnen ihrer Zeit, ihr einziges Kind verloren hatte, wandte sie sich in ihrem Schmerz an einen alten Quäker. Er zeigte ihr, daß viele junge Herzen Mutterliebe brauchten, und brachte sie mit einem Heim in Verbindung, in dem vierzig junge Leute lebten, die aus einem sie gefährdenden Milieu gerettet waren. Später sagte jemand von ihr: »Sie trug ihren Schmerz nicht, sie machte Musik daraus.« Ihr Leben war so, wie es im Lied der »Marschallin« der Heilsarmee heißt:

Mach zu Reichtum deine Sorge.
Mach aus Schmerzen Gott ein Lied.
Daran wird die Welt erkennen,
daß zu Christus du gehörst.

Catherine Booth Clibborn

1953 reiste ich mit Fred Mitchell, damals Heimatdirektor der China-Inland-Mission für Großbritannien und Vorsitzender der Keswick Convention, durch Asien. Am Ende der Reise trennten wir uns in Singapur. Fred flog mit einer der neuen Düsenmaschinen vom Typ »Comet« nach London, ich flog nach Hongkong. Als die Comet nahe Kalkutta war, explodierte sie, und alle an Bord kamen ums Leben.

Fred Mitchells Frau war körperlich schwächlich, und eine Zeitlang war sie von dem Schock völlig gebrochen und entkräftet. Als sie dann der Zukunft ohne ihren Mann ins Gesicht schaute und Gottes Willen für ihr Leben zu erkennen suchte, gab er ihr den Gedanken ein, daß sie nur eine von Tausenden von Witwen in gleicher Lage sei. Und dann der Vorschlag: »Warum bezeugst du nicht einigen dieser Witwen meine Güte und Fürsorge?«

So begann sie einen stillen, aber sehr gesegneten Dienst an kummervollen Witwen, von denen viele nichts wußten von dem Trost des Gottes, der sagt: »Ich will dich trösten, wie einen seine Mutter tröstet« (Jes 66,13).

Wenn sie in der Zeitung von Frauen las, die — oft unter tragischen Umständen — Witwen geworden waren, dann schrieb sie ihnen und teilte ihnen etwas mit von ihrem Mitgefühl und von ihrem Glauben. Sie hat wirklich aus ihrem Leid ein Lied gemacht.

Bitt Gott um seine Kraft,
ein Trost zu sein.
Daß er dich einsetzt und befreit
im Leben dein,
zum Mitgefühl zu sein bereit.
Wie schwer ist häufig doch die Last,
das Leben hart.
Wie gut, wenn dann ein Trost du bist
von Christi Art.

Peter McRostie

Aber nicht jeder ist bereit, sich aus dem Selbstmitleid zu lösen und anderen zu helfen. Stanley Jones erzählt, wie er einmal ältere Menschen in einem Sanatorium bat, Kleider für die Chinahilfe zu nähen. Er erwartete, daß die Leute begeistert mitmachen würden, wo doch die vielbeschäftigten Leute außerhalb des Sanatoriums sich schon so engagiert hatten. Diese alten Leute hatten Zeit mehr als genug, aber zu seinem Erstaunen war niemand bereit, etwas für China zu tun.[3]

Und das war ja auch einer der Gründe ihres Sanatoriumaufenthaltes — sie waren so mit dem Nachdenken über ihre eigenen Leiden und Mühen beschäftigt, daß sie einfach keine Zeit für andere hatten. Laßt uns Gott bitten, uns ein Herz zu geben, das von sich selbst frei ist und deshalb anderen Leidenden Linderung und Mitgefühl weiterzugeben.

### Verlust der Unabhängigkeit

Wenn alte Leute einigermaßen gesund sind, ist es für sie das beste, so lange es ohne große Probleme möglich ist ihre Unabhängigkeit zu bewahren. Vielen, wenn auch nicht allen, erscheint die Selbständigkeit um so kostbarer, je näher die Möglichkeit rückt, von anderen abhängig zu werden.

Aber für die meisten kommt irgendwann die Zeit, wo es aufgrund von Schwäche oder Krankheit nicht mehr möglich ist, die Selbständigkeit aufrechtzuerhalten. Dann muß entschieden werden, wie es weitergeht, und für manche wird es immer schwieriger, Entscheidungen zu treffen.

Das Altersheim ist eine Möglichkeit, vielleicht bieten auch Verwandte oder gute Freunde ein neues Heim. Die letztere Möglichkeit mag sehr attraktiv erscheinen, aber ehe man sich dafür entscheidet, sollte man alles sehr genau überdenken. Denn die Erfahrung lehrt, daß es selbst da, wo auf beiden Seiten bester Wille vorliegt, zu Spannungen kommen kann.

Es ist eine gute Lösung, wenn man in der Nähe der Verwandten wohnen kann, ohne im selben Haushalt leben zu müssen. Selbst ausgesprochen weise Eltern stehen, wenn irgendwelche Schwierigkeiten auftreten, immer in der Gefahr, sich in das Leben ihrer Kinder einzumischen, aber bewirkt wird dabei meist das Gegenteil von dem, was gut wäre. Auch wenn man sich nicht wirklich einmischt, so kann doch unausgesprochene Kritik seltsam deutlich werden und eine sehr gespannte Atmosphäre hervorrufen. Es ist für alte Eltern nicht leicht zu begreifen, daß ihre Kinder jetzt erwachsen und für sich selbst verantwortlich sind.

Wenn man die Einladung annimmt, bei den Kindern oder anderen nahen Verwandten zu leben, dann verlangt das auf beiden Seiten viel Verständnis und beträchtliche Umstellungen.

Es kann ein traumatisches Erlebnis werden, nicht mehr Herr im Haus zu sein, sondern Gast in einem fremden Haushalt, selbst wenn es der des eigenen Kindes ist. Zu verlassen, was man gewöhnt ist, sich von geliebten Verantwortlichkeiten zu trennen, die alten Möbel abzugeben, zwar willkommen zu sein, aber nicht nötig — selbst in einer Familie, in der man geliebt wird, muß Verstörtheit hervorrufen und das Gefühl empfindlichen Verlustes.

Ein Problem kann sein, daß die Generation der Enkel oft völlig andere Anschauungen von Ordnung und Benehmen hat als wir. In zwei Bereichen sollten sich die Großeltern sehr zurückhalten: Finanzen und Radio oder Fernsehen. Die jungen Leute von heute haben die Armut nie gekannt, die viele von uns in ihrer Jugend erlebt haben. Das ist nicht ihr Fehler, denn sie sind, genauso wie wir, die Opfer der derzeitigen Kultur.

Die jungen Leute wachsen heute in einer Welt auf, die an laute Musik gewöhnt ist. Für viele ist je lauter auch je besser. Selbst manche Liebhaber klassischer Musik müssen sie heute ganz schön laut hören, um sie genießen zu können. Obwohl wir mit der Musik und Lautstärke vielleicht gar nicht einverstanden sind, ist es weise, in einem Haushalt, in dem wir Gäste und nicht Herren sind, Kritik zu unterlassen, denn sie verbessert selten die Atmosphäre.

Je zurückhaltender alte Leute sind, desto eher wird man sie um Rat fragen. Wenn wir junge Leute nur kritisieren, statt ihnen Verstehen und Sympathie entgegenzubringen, dann ist es nicht verwunderlich, wenn sie uns ihre Herzen nicht öffnen.

Was die angeht, die sich mit dem Gedanken tragen, Mutter, Vater oder andere ältere Verwandten in ihr Haus aufzunehmen, so denken sie über etwas Wertvolles nach, über ein Opfer, das dem Herrn angenehm ist. Aber es ist unbedingt nötig, erst die Kosten zu überschlagen, und zwar langfristig. In vielen Fällen, wo spontan und großherzig, aber ohne genügendes Nachdenken, eine solche Einladung ausgesprochen wurde, hat man es hinterher bereut.

Es ist keine Frage, daß es ein ungetrübter Segen sein kann,

einen alten im Leben gereiften Menschen im Haushalt zu haben. Es kann aber auch zu beträchtlichen Belastungen und Spannungen führen. Wenn allerdings die Umstände einigermaßen günstig sind, beide Seiten eine gute Einstellung haben und jeder sich über seine Rolle klar ist, dann ist es eine gute Sache, auf die man sich einlassen kann.

In Ostasien wird den Großeltern mehr Ehre und Respekt entgegengebracht als bei uns. Aber wenn man weise ist und sich vernünftig benimmt, dann gibt es keinen Grund, warum es in Europa nicht genauso sein sollte. Nur wenn die Großeltern ihre Rolle als Gäste ihrer erwachsenen Kinder nicht beachten, gibt es Ärger.

## Man braucht es, gebraucht zu werden

Wenn die körperlichen Kräfte abnehmen und die Kontakte weniger werden, ist eines für alte Menschen ganz wichtig: gebraucht zu werden. Sie müssen spüren, daß sie sich immer noch in irgendeiner Weise nützlich machen können. Großeltern können oft in der Familie ihrer Kinder eine Aufgabe erfüllen. Wer alte Menschen spüren läßt, daß sie noch nötig sind, tut mehr, als er ahnt, für ihr Glück und Wohlbefinden.

Sie müssen sowohl den Wunsch als auch die Möglichkeit haben, etwas sozial Sinnvolles zu tun, und sei der Beitrag noch so klein. »Essen auf Rädern« ist eine Möglichkeit. Jeder braucht Umgang mit Menschen, besonders mit Menschen der eigenen Generation. Und jeder braucht auch die Möglichkeit, etwas zu schaffen, und wer etwas schafft, ist auch zufrieden.

Wenn die Körperkräfte abnehmen, steigt das Bedürfnis nach Schutz, nach einer gewissen Bequemlichkeit und nach Versorgtsein, sei es in einer Familie oder in einem Altenheim.

Der alternde Mensch braucht auch geistige Anregung, wenn er nicht nur dahinvegetieren will. In manchen Fällen ist für alte Leute das Fernsehen eine Wohltat, besonders dann, wenn es geistige Anregung bietet. Aber viele Programme bringen ja eher das Gegenteil. Fernsehen kann auch wie Opium sein, weil es passiv macht. Dazu ruft es Emotionen hervor, die keinen Bezug zum eigenen Leben haben. Außerdem ist es ein eher einsames Geschäft und vermittelt keine Kontakte. Denn wer eine Sendung aus einer beliebten Serie stört, macht sich gar nicht beliebt. Wenn Fernsehen den guten Effekt haben soll, den es haben kann, dann muß man den Abstellknopf fest im Griff haben.

## Anmerkungen

[1] Margaret Evening, Who Walk Alone, Hodder and Stoughton, London 1974, S. 182.

[2] Alfons Deeken, Growing Old, Paulist Press, New York 1972, S.28.

[3] Stanley E. Jones, Growing Spiritually, Abingdon, Nashville 1953, S. 187.

Früher oder später wird die Trauer über Verluste durch den Tod auch unser Teil werden. Ehepaare müssen sich klar sein, daß der eine oder der andere Teil zuerst sterben wird. Und da die Lebenserwartung der Frauen fünf Jahre höher ist, überlebt meist die Frau ihren Mann.

Es ist durchaus nicht morbid, wenn wir uns auf diese Möglichkeit einstellen. Wir werden nie völlig darauf vorbereitet sein, aber es ist weise, sich auf das einzustellen, was uns erwartet. Wenn jemand lange schwer krank gelegen hat, mag der Tod sogar erst eine Erleichterung bringen. Aber wenn der Tod unerwartet kommt, ist der überlebende Ehepartner oft wie betäubt und völlig überwältigt.

Niemand von uns ist wirklich auf dieses unerwartete und unerwünschte Ereignis vorbereitet. Unsere Fähigkeit, mit dem Tod fertig zu werden und Sieger zu bleiben, ist sehr abhängig von der Hilfe unserer Familie und unserer Freunde und von der Lebendigkeit unseres Glaubens.

Wenn wir der Tatsache ins Auge sehen, daß Tod und Verlust auch uns einmal treffen werden, dann bewahrt uns das vor Selbstmitleid und auch vor dem Gedanken, daß Gott uns besonders strafen will. Trauer trifft auch andere Menschen, und es gibt keinen Grund, daß wir eine Ausnahme bilden.

Die Erfahrung des Schmerzes kann uns liebevoller machen, oder sie kann uns verhärten. Wie sie wirkt, hängt von uns selbst ab. Die Vernunft allein hat wenig Macht gegenüber der Trauer, die ja den Gefühlen zuzuordnen und der Logik wenig zugänglich ist. Aber der Wille hat eine wichtige Rolle zu spielen.

»Ja«, sagte jemand zu seinem Freund, der in Trauer war, »Kummer gibt dem Leben schon Farbe.« — »Ja allerdings«, antwortete der, »und ich bin entschlossen, die Farben auszusuchen.« Wer so antworten kann, der hat gute Aussichten für die Zukunft.

Der Prophet Jesaja gewährt uns in seinen so bekannten Worten Einblick in das Problem des Schmerzes und der Trauer: »Fürwahr, er trug unsere Krankheit und lud auf sich unsere Schmerzen« (Jes 53,4). Das Wort erinnert uns daran, daß unser mitfühlender Herr uns in der Stunde unserer Not sehr nahe ist. »Wir haben ja nicht einen Hohenpriester, der mit unseren Schwächen kein Mitleid haben könnte, sondern der wie wir in allem versucht worden ist, doch ohne Sünde« (Hebr 4,15). Was für eine gesegnete Wahrheit ist es, »daß der Mann der Schmerzen an allen Schmerzen, die uns das Herz zerreißen, seinen Anteil hat«.

In seine barmherzigen Hände können wir unser Leid legen. Seine Fähigkeit, sich in den Schmerz seiner Freunde einzufühlen, zeigte sich, als er Maria traf und die Freunde, die mit ihr trauerten. »Jesus sah, wie sie weinte... Da wurde Jesus zornig in seinem Inneren und sehr erregt und sagte: Wo habt ihr ihn hingelegt? Sie antworteten ihm: Komm und sieh es! Und Jesus kamen die Tränen. Da sagten die Juden: Seht, wie lieb er ihn gehabt hat!« (Joh 11,33-36). Das waren keine synthetischen Fernsehtränen. Es ist damit gemeint, daß die Tränen über sein Gesicht flossen. Was für ein Bild — ein Gott, der weint!

Wie trostvoll ist es, in unserer Trauer zu ihm zu kommen und unseren Schmerz dem anzuvertrauen, der uns so völlig versteht und liebt. Wenn du ihm deinen Kummer anvertraut hast, laß ihn endgültig dort. Die tiefe Verletzung bleibt, aber die ausgleichende Gegenwart und Hilfe des »Gottes allen Trostes« (2 Kor 1,3) wird uns in unserem Leid helfen und es in Sieg verwandeln — selbst wenn es ein Triumph unter Tränen ist.

Ein Freund, dessen geliebter 15jähriger Sohn bei einem Verkehrsunfall getötet worden war, gibt dieses Zeugnis: »In dem Glutofen der Anfechtung, wo die Flammen hoch und heiß aufloderten, ging mit uns einer wie der Sohn Gottes, und die Flammen verzehrten uns nicht. Das ist Gnade — Gottes Gnade. Volle Gnade, herrlich treue Gnade — versprochen in seinem Wort, vorgesehen in seiner Liebe, Gnade, die für jedes Kind, das Gott vertraut, zu haben ist.«[1]

Als er einige Jahre verheiratet war, fuhr der bekannte englische Prediger Prebendary Webb-Peploe mit seiner Familie an die See. Dort ertrank eines seiner kleinen Kinder. Er kehrte nach London zurück, von Trauer zerrissen. In seiner Not kniete er in seinem Arbeitszimmer nieder und schüttete sein Herz vor Gott aus. Und wie flehte er Gott an, er möge ihm doch jetzt, wo er sie so dringend brauchte, genügend Gnade geben. Aber er bekam keinen Trost, das Gefühl der Verlassenheit war so stark wie vorher.

Durch seine Tränen hindurch sah er auf den ihm vertrauten Bibelvers über dem Kamin, aber er sah ihn plötzlich mit neuem Interesse. Der Vers lautete: »Meine Gnade ist genug für dich« (2. Kor 12,9). Zum ersten Mal bemerkte er, daß das Wort IST in Großbuchstaben gedruckt war, und da wurde es Licht um ihn: »Herr, ich habe dich gebeten, mir genügend Gnade zu geben, aber du hast mir die ganze Zeit sagen wollen, daß sie schon längst genug IST. Ich nehme sie jetzt im Glauben für mich an.« Dieser Schritt des Glaubens fand sofort seinen Lohn. Obwohl er den Verlust noch genauso spürte, drang der Trost Gottes mit Macht in sein Herz, und er hatte Frieden.

Wenn wir uns so dem Willen Gottes überlassen, dann geschieht das Paradoxe, daß er uns gut und annehmbar wird. Wenn wir uns wie der Psalmist »nicht trösten lassen wollen« (Ps 77,3), dann haben wir keine Kraft, um die Stunden der Verlassenheit zu bestehen.

## Gib der Trauer Ausdruck

Wir dürfen, ohne uns zu schämen, unserem Kummer Ausdruck verleihen. Jesus weinte. Es erschwert nur den sowieso schon schmerzvollen Weg der Rückkehr zum normalen Leben, wenn wir Trauer verneinen, unterdrücken oder nicht wahrhaben wollen. Es bringt nichts, wenn wir so tun, als spürten wir keinen Schmerz, und es bringt auch nichts, den Stoiker zu spielen. Gefühlen Ausdruck zu verleihen kann befreien. Der Schmerz über den Verlust eines geliebten Menschen ist ein einsamer Schmerz, selbst dann, wenn liebe Menschen um uns herum sind. Doch wie unser Herr sagte: Wir sind allein — aber doch nicht allein, weil er bei uns ist (Joh 16,32).

**Jeder Tag ist eine Herausforderung**

Daphne du Maurier schrieb einmal: »Zeit heilt alle Wunden«, aber sie fügte hinzu, daß das nur wahr ist, wenn die Wunden nicht eitern. Bitterkeit hält die Wunde offen. Wir können unseren Schmerz liebkosen und uns weigern, ihn abzugeben — aber das wird es uns und den Unsrigen nur noch schwerer machen und unser Zeugnis als Christen verdunkeln.

Wenn wir einen Verlust erlitten haben, ist es anfangs schwer, uns selbst oder anderen keine Vorwürfe zu machen. Aber so eine Haltung wirkt wie eine ansteckende Krankheit.

In ihrem Artikel fuhr Daphne du Maurier fort: »Denen, die trauern, möchte ich sagen: Sehen Sie jeden Tag als Herausforderung an, als Probe Ihres Mutes. Der Schmerz wird in Wellen kommen, und ohne daß Sie verstehen warum, wird an manchen Tagen der Schmerz besonders stark sein. Nehmen Sie den Schmerz an. Schritt für Schritt werden Sie neue Kraft und eine neue Zukunftsschau finden, geboren aus genau dem Schmerz und der Einsamkeit, die Ihnen am Anfang so unüberwindlich schien.«[2]

Die beste Therapie für Trauer und Einsamkeit ist die, enge und liebevolle Beziehungen zu knüpfen, besonders zu denen, die gleiche Erfahrungen durchmachen wie wir. Wir müssen mit aller Kraft der Versuchung widerstehen, uns auf unser trauerndes Selbst zurückzuziehen.

Wenn jemand trübsinnig herumläuft und sich in Orgien des Selbstmitleids ergeht, so zollt er damit dem Andenken des Verstorbenen keinen Tribut, im Gegenteil, er entehrt es. Denn das hatte der Verstorbene nicht gewollt. Übermäßige Trauer ist oft nur eine raffinierte Form des Selbstmitleids. Viele von uns, die wir geliebte Menschen verloren haben, haben festgestellt, daß, wenn wir aktiv bleiben und uns für andere interessieren und um sie kümmern, der Schmerz seine schneidende Schärfe verliert.

> Weg von den Jahren, die für Erinnerungen taugen,
> weg auch vom Denken an die Liebe von einst,
> zu dir, meinem Freunde, wende ich die Augen.
> Du wandelst dich nicht, der du's gut mit mir meinst.

Was Bischof Frank Houghton, ein früherer Leiter der China-Inland-Mission, in einem Brief an Amy Carmichael von Dohnavur (Indien) zum Tod seiner jüngsten Schwester schrieb, zeigt die richtige Einstellung zur Trauer:

> Viele unserer Freunde sprechen in ihren Beileidsbriefen von Gottes geheimnisvollen Wegen, und ich weiß auch, daß da etwas dran ist. Aber ich wehre mich dagegen zu denken, daß unser himmlischer Vater etwas getan haben sollte, was man erklären müsse. Was er tut, ist das Beste, denn er hat es getan; und ich bete, daß wir als Familie nicht nach Erklärungen des Geheimnisses suchen, sondern im Heiligen Geist jubeln und sprechen: »Ich danke dir, Vater.... trotzdem, Vater....«
>
> Es ist ein Zeichen mangelnden Vertrauens in ihn, wenn wir alles, was er tut, meinen, verstehen zu müssen.
>
> Bringt es uns nicht größere Freude, wenn wir ihm sagen, daß wir keine Erklärungen brauchen, weil wir ihn kennen?

»Gottes Wege sind vollkommen« (Ps 18,31). Wenn seine Wege vollkommen sind, brauchen sie keinen Erklärung.

### Das Los der Witwe

»Witwenschaft ist eine Art Pensionierung«, sagt Paul Tournier, »die Pensionierung einer Frau von ihrem Beruf als Ehefrau.« Nur zu oft wird mit dem Tod des Partners das Leben der Witwe oder des Witwers sinnlos, der überlebende Teil fühlt sich wie in einer Wüste. »Witwenschaft ist immer eine schreckliche Prüfung«, fährt Tournier fort, »und zum emotionalen Schock der Trennung kommen noch beträchtliche, oft nicht leichte Veränderungen im Leben des übriggebliebenen Partners hinzu.« Von welchem Gesichtspunkt aus man es auch sieht, Witwe oder Witwer zu sein heißt, das Los eines Einsamgewordenen zu tragen.

Viele Witwen haben es erlebt, daß man ihnen in der ersten Zeit ihrer Trauer viel Mitgefühl und Hilfe entgegengebracht hat. Anfangs wurden sie noch von Freunden eingeladen, aber allmählich wurden die Einladungen immer seltener und Besuche auch.

Das trifft besonders Frauen, die einen »berühmten« Mann hatten. Viele Witwen fühlen, vielleicht nicht ganz zu Recht, daß Witwe sein irgendwie eine Schande sei, und das erhöht ihre Einsamkeit noch.

In den dreißiger Jahren, mitten in der großen Wirtschaftskrise, starb der Mann meiner Schwester, und sie blieb mit drei Kindern und einer mageren Witwenrente zurück. Aber sie verließ sich auf die Gültigkeit der Verheißung in Jesaja 54,4-5: »Fürchte dich nicht, denn du sollst nicht zuschanden werden... und der Schmach deiner Witwenschaft nicht mehr gedenken. *Denn der dich gemacht hat, ist dein Mann* — Herr Zebaoth heißt sein Name —, und dein Erlöser ist der Heilige Israels.«

Obwohl sie oft nicht wußte, wovon sie die nächste Mahlzeit zubereiten sollte, öffnete sie ihr Haus weit für andere, die einsam oder in Not waren. Indem sie sich um andere kümmerte, wurde ihre Einsamkeit gemildert. Ihr Schöpfer erwies sich als ihr Mann und Versorger.

Sören Kierkegaard war überzeugt, daß Leid nicht mitteilbar ist. Und es ist wahr, daß der Schmerz und das Leid des Verwitwetseins etwas ist, das man kaum mit anderen teilen kann und allein tragen muß.

Überall in der Bibel wird dem Los der Witwe besondere

Aufmerksamkeit geschenkt. Im Alten Bund wurden besondere Maßregelungen getroffen:

> »Ihr sollt Witwen und Waisen nicht bedrücken« (2. Mose 22,22).
> »Du sollst... der Witwe nicht das Kleid zum Pfand nehmen« (5. Mose 24,17).
> »Wenn du auf deinem Acker geerntet und eine Garbe vergessen hast auf dem Acker, so sollst du nicht umkehren, sie zu holen, sondern sie soll dem Fremdling, der Waise und der Witwe zufallen« (5. Mose 24,19-21).
> »Ein Vater der Waisen und ein Helfer der Witwen ist Gott in seiner heiligen Wohnung« (Ps 68,6)

Auch im Neuen Bund wird das Los der Witwe ernstgenommen, und es kann ihnen ein Trost sein, daß Gott ihrer Sorge nicht gleichgültig gegenübersteht.

In der ersten Gemeinde entstand eine Situation, wo es schien, als seien einige Witwen benachteiligt worden. Daraufhin handelten die Apostel entsprechend der göttlichen Einstellung und Sorge:

> In diesen Tagen, als die Zahl der Jünger immer größer wurde, entstand Unwille über die hebräischen Gruppen in der Gemeinde bei den griechischen, weil ihre Witwen bei der täglichen Versorgung übersehen wurden. Da riefen die Zwölf alle Jünger zusammen und sagten: Es ist nicht recht, daß wir vor allem für die Armen sorgen und darüber das Wort Gottes vernachlässigen. Darum, ihr lieben Brüder, seht euch nach sieben Männern in eurer Mitte um, die einen guten Ruf haben und erfüllt sind mit heiligem Geist und Weisheit; die wollen wir mit diesem Dienst betrauen (Apg 6,1-3).

Paulus und Jakobus äußern sich beide zum Los der Witwen:

> Wenn aber einer gläubigen Frau Witwen anvertraut sind, so soll sie diese versorgen, die Gemeinde aber soll nicht belastet werden, damit sie für die wirklichen Witwen sorgen kann (1. Tim 5,16).
>
> Ein reiner und unbefleckter Dienst vor Gott, dem Vater, ist der: die Waisen und Witwen in ihrer Not besuchen (Jak 1,27).

Es ist Aufgabe der Gemeinde und jedes einzelnen Gemeindemitgliedes, die göttlichen Anweisungen sowohl dem Buchstaben wie dem Geist nach zu verwirklichen.

Dem Los des Witwers ist in unserer Gesellschaft viel weniger Aufmerksamkeit geschenkt worden als dem der Witwe. Man nimmt, sehr oft zu Unrecht, an, daß der Witwer besser mit seiner Situation fertig werden könne. Manchmal meint man sogar, der Witwer hätte im sozialen Kontakt sogar Vorteile. Aber besonders dann, wenn ihm die Hausarbeit Mühe macht, kann das hohe Alter für einen Witwer eine sehr düstere Erfahrung sein.

Auch wenn die Ehe wirklich glücklich war, bleiben Schmerz, Schock und das Gefühl des Verlustes nicht aus. Wenn die Ehe nicht so glücklich war, kommen noch Schuldgefühl, Reue und Bedauern hinzu, und damit fertigzuwerden mag noch viel schwerer sein. Aber auch hier ist der Herr unsere Hilfe, und die Verheißung gilt immer noch: »Meine Gnade ist genug für dich« (2. Kor 12,9). Und die liebevolle Unterstützung von Freunden und Verwandten hilft hier viel.

Lukas berichtet von einer Frau, die viele Jahre Witwe war und über das Leid des Witwenseins triumphiert hat:

> Und dort war eine Prophetin, Hanna, eine Tochter Phanuels, aus dem Stamm Asser; die war hochbetagt. Als junges Mädchen hatte sie geheiratet und nur sieben Jahre in der Ehe gelebt und war nun eine Witwe von vierundachtzig Jahren; die wich nicht vom Tempel und diente Gott mit Fasten und Beten Tag und Nacht. Die trat zur selben Stunde auch

hinzu, pries Gott und sprach von ihm zu allen, die auf die Erlösung Jerusalems warteten (Lk 2,36-38).

Hier war also eine Witwe, die sich durch die Härte ihres Loses nicht verbittern ließ, sondern sich von ganzem Herzen dem Dienst Gottes in seinem Hause widmete. Die drei Tätigkeiten, die ihr Leben bestimmten und bewirkten, daß in der Schrift von ihr berichtet wird, stehen im Alter, wenn die Körperkräfte begrenzt sind, auch uns voll zur Verfügung. Sie verbrachte ihre Zeit mit dem Dienst Gottes, lobte ihn für seine Gnade und sprach von ihm zu anderen.

**Anmerkungen**

[1] Isabel Fleece, Not by Accident, Moody Press, Chicago 1964, S. 29.
[2] Readers' Digest, September 1980.

# FEIND ODER FREUND?

Im Glanz der Jugend und genauso unter den Freuden und Mühen der Jahre zwischen dreißig und fünfzig war es für die meisten von uns nicht schwer, solch einen geheimnisvollen und unwillkommenen Gedanken wie den über den Tod an den Rand unseres Bewußtseins zu drängen. Nur wenige stehen dem Tod mit Gelassenheit gegenüber, meist versuchen wir einfach, nicht darüber nachzudenken.

Aber wenn wir erst einmal die Lebensmitte erreicht haben und öfter mit dem Tod anderer Menschen in Berührung kommen, dann ist es nicht so leicht, das Bewußtsein unserer eigenen Sterblichkeit zu verdrängen. Ein Wort wie »Es ist dem Menschen gesetzt, einmal zu sterben, danach aber das Gericht« (Hebr 9,27) ist dann weniger eine theologische Wahrheit als eine immer bedrängender werdende Wirklichkeit. Für viele verursacht der Gedanke an den Tod zwar schwer faßbare, aber doch sehr reale Ängste, so wie es Hebräer 2,15 heißt: »...die durch Todesfurcht ihr Leben lang Sklaven sein mußten«.

Das Christentum verherrlicht den Tod nicht, spielt aber seine Bedeutung auch nicht herunter. Für Christen gehört der Tod unausweichlich mit dem Leben zusammen. Überall in der Schrift wird der Tod letztlich als Folge der Sünde verstanden, und Paulus bezeichnet den Tod als den letzten Feind, der bei der Wiederkunft Christi besiegt wird. Es ist aber eine überraschende historische Tatsache, daß die frühen Christen den Tod nicht als Feind betrachteten, sondern als Wohltäter, der ihnen den größten Dienst erweisen würde.

Das Christentum hat das Problem des Todes nicht vereinfacht, denn es lehrt, daß der Tod sogar Gott — und zwar in der Person Christi — etwas anhaben konnte. Der Tod ist tatsächlich der letzte Feind, aber zugleich ist der Tod auch ein Tor — er ist der Durchgang zu einer nie endenden Gemeinschaft mit dem dreieinigen Gott. Das Grab ist nur der Tunnel zum Himmel.

Nach Dr. Paul Tourniers Auffassung ist der Tod für die Gläubigen nicht mehr Fluch oder Strafe. Der Tod ist das notwendige Ereignis, das zur Auferstehung führt, zu einer neuen Erfüllung.

Tod und Alter gehören notwendigerweise zusammen, denn der Tod ist die natürliche Folge des Lebens in einer Welt, die von der Sünde verunstaltet ist. Niemals ist der Tod willkommen — außer vielleicht nach ganz tiefem Leid und Schmerz, wo er manchmal mit einer gewissen Erleichterung willkommen geheißen werden mag.

Die unausweichliche Sterblichkeit des Menschen ist etwas, worüber man nicht gerne spricht. Das hängt einmal damit zusammen, daß der Tod unsere tiefsten Gefühlsschichten berührt, aber auch damit, daß der Tod uns immer unvorbereitet findet, ganz gleich, ob er plötzlich eintritt oder ob wir schon lange mit ihm rechnen.

Je nach Person und Umständen ist die Reaktion auf den Tod oder auf das Denken an ihn sehr unterschiedlich. Manche können dem Tod gelassen entgegensehen, weil sie einen lebendigen Glauben an Christus haben und aus der Schrift wissen, daß sie errettet sind. Das ist eine Sicherheit, die jeder Christ erleben kann und auch sollte, die aber nicht jeder erlebt.

Wer dem Tod mit Vertrauen und ohne Furcht entgegensieht, ist meist jemand, der tief erfaßt hat, daß eines Tages der Tod ihn erwartet. Wer ein langes und glückliches Leben im Reichtum eines lebendigen Glaubens an Christus gelebt hat, der hat eine größere Chance, den Tod mit einer Ruhe anzunehmen, die angenehm in der Erinnerung der Trauernden zurückbleibt.

Ist nicht in mancher Hinsicht das ganze Leben eine Vorbereitung auf den Tod? Wenn wir die Tatsache unseres eigenen Todes nicht mehr als etwas ansehen, das man objektiv diskutieren kann, sondern als etwas, das wir ganz subjektiv erleben werden, dann ändert das unsere Lebenseinstellung beträchtlich.

Als einige sehr lebendige junge Leute beobachteten, wieviel

ihre Großmutter in der Bibel las und darüber nachsann, sagte einer von ihnen: »Großmutter scheint wohl für ihr Abschlußexamen zu pauken.« Es ist eine Tatsache: mit vorrückendem Alter werden die Dinge dieser Welt seltsam unscharf, und die Dinge der Ewigkeit werden herrlich real.

### Viel besser, bei Christus zu sein

War das nicht der Fall, als Paulus älter wurde? Der Tod bedeutete für ihn »aus der Welt zu scheiden und bei Christus zu sein, was auch viel besser wäre« (Phil 1,23). Als sein Märtyrertod näherrückte, begegnete er ihm mit froher Gelassenheit. »Denn ich werde schon geopfert, und die Zeit meines Hinscheidens ist gekommen. Ich habe den guten Kampf gekämpft, ich habe den Lauf vollendet, ich habe Glauben gehalten; nun liegt für mich die Krone der Gerechtigkeit bereit, die mir der Herr, der gerechte Richter, am Jüngsten Tag geben wird« (2. Tim 4,6-8).

Geschichtsschreiber des Altertums berichten, wie die Christen mit Mut und Freude einem grausamen Tod entgegengingen. Wie sie triumphierten, beschrieb 125 n. Chr. Aristides. Er schrieb über eine neue Religion, Christentum genannt, an einen Freund: »Wenn ein rechtschaffener Mensch unter den Christen diese Welt verläßt, dann freuen sie sich und danken Gott. Und seinen Leichnam begleiten sie mit Dankliedern, so, als ob er eine Reise von einem Ort zu einem anderen nahegelegenen Ort mache.«

Diese Christen konnten dem Tod ruhig und triumphierend gegenübertreten, weil sie die Kraft der Auferstehung Christi erfahren und ihr vertraut hatten. Und der auffällige Gegensatz zwischen ihrer Freude und ihrem Triumph und dem hoffnungslosen Trauern und Heulen ihrer heidnischen Zeitgenossen hatte zudem eine große evangelistische Wirkung.

Henry Francis Lyte, der Dichter des unsterblichen Liedes *Herr, bleibe bei mir*, beschrieb in diesen Worten, warum er dichtete:

O daß mein Dichten regte
zu hohem Streben Menschen an,
erlöschendes Feuer neu entfachte
und Herzen befreite...
O du, des Berührung weckt Tote zum Leben,
gib mir diese Gnade, die Leben spendet.
Gewähr mir, zu sterben
mit unsterblichem Lied auf den Lippen.

Mit dem Lied *Herr, bleibe bei mir* wurde dieser Wunsch herrlich erfüllt. Am 4. September 1847 hielt er seine letzte Predigt. Am Abend gab er, seiner Tochter das Manuskript und eine selbstkomponierte Melodie seines unsterblichen Liedes, wodurch der große Wunsch seines Herzens erfüllt war. Die erste Strophe lautet:

Herr, bleib bei mir, der Abend bricht herein.
Es kommt die Nacht, die Finsternis fällt ein.
Wo fänd ich Trost, wärst du, mein Gott, nicht hier?
Hilf dem, der hilflos ist, Herr, bleib bei mir!

Die ursprüngliche Fassung des Liedes enthält einen Vers, der auch im Englischen selten gesungen wird:

Wie jung doch galt mir deine Gnade schon,
auch wenn ich widerspenstig war und wild.
Du ließt' mich nicht, war ich auch fern von dir.
So bitt ich: Bis zum End, Herr, bleib bei mir!

Während seiner aktiven Jahre hatte der Gedanke an den Tod Lyte viel Not gemacht. Aber in seiner Sterbestunde in Nizza siegte der Glaube über die Furcht, und zu der ihn pflegenden Person sagte er: »Der Tod hat nichts Schreckliches. Vor mir tritt Jesus Christus in das Grab hinein.«

Nach einem Augenblick stillen Gebetes wies er nach oben und fügte hinzu: »O welch gesegnete Umkehrung! Auf Erden begonnen und bald im Paradies vollendet! Gesegneter Glaube! Heute dringt sein Blick durch die Nebel der Erde — morgen schaut er, was er geglaubt: immer beim Herrn zu sein!« Mit diesen Worten auf seinen Lippen trat Henry Francis Lyte in die Gegenwart seines Herrn.

## Der letzte Feind ist besiegt

In seinem Brief an Timotheus nennt Paulus Christus den, »der dem Tode die Macht genommen und unvergängliches Leben ans Licht gebracht hat durch das Evangelium« (2. Tim 1,10). Aber muß man nicht sagen, daß der Tod noch ganz und gar nicht abgeschafft ist? Tritt er nicht ungerufen in unsere Häuser, und bricht er uns nicht das Herz?

Es ist interessant, daß in dem Vers »Der letzte Feind, der vernichtet wird, ist der Tod« (1 Kor 15,26) die Vernichtung des Todes als etwas dargestellt wird, was noch geschehen wird. Aber nach dem griechischen Text sollte man eher annehmen, daß die Vernichtung des Todes schon begonnen hat und fortgeführt werden wird, bis sie vollständig ist. Der Tod ist also dabei, vernichtet zu werden. Die Vernichtung des Todes ist noch nicht vollkommen, wird es aber mit Sicherheit sein.

Die Vernichtung des Todes begann mit der Auferstehung Jesu. Er starb, um den Tod zu besiegen, um »den zu vernichten, der die Macht über den Tod hat, das ist der Teufel« (Hebr 2,14).

Die mit der Auferstehung begonnene Vernichtung des Todes wird vollendet werden, wenn der Herr wiederkehrt. In seinen unvergleichlichen Worten über die Auferstehung führt Paulus diese Wahrheit aus und endet mit dem wunderbaren Anbetungsruf: »Dann wird das Wort erfüllt werden, das geschrieben steht: 'Der Tod ist verschlungen vom Sieg. Tod, wo ist dein Sieg? Tod, wo ist dein Stachel? Der Stachel des Todes aber ist die Sünde.... Gott aber sei Dank, der uns den Sieg gibt durch unseren Herrn Jesus Christus!'« (1. Kor 15,54-57).

Unser Herr hat »das Gesicht des Todes verändert«, indem er Leben und Unsterblichkeit durch das Evangelium ans Licht gebracht hat. Statt Herr zu sein, ist der Tod jetzt der Diener, der die Tür zu unserer ewigen Heimat öffnet und für Sünde und Leid die Tür verschließt. »O Tod, süßer Tod«, sagte Charles Kingsley, »wann wirst du kommen und mir alles erklären, was ich wissen möchte?« Der Tod machte ihm keine Angst.

Die Geschichte der Kirche ist voll von Beispielen leuchtenden Triumphes über den Tod. Das folgende Zeugnis Reuben A. Torreys über seinen Vater, den weltberühmten Evangelisten, zeigt, wie das Alter siegreich enden kann:

> Mir ist ganz deutlich, daß die Monate der nachlassenden Gesundheit meines Vaters ihm gegeben wurden, damit er die Vollständigkeit seines Sieges in Christus zeigen konnte. Es ist leicht, ein strahlender, siegreicher Christ zu sein, wenn man auf der Höhe seines Lebens ist und aktiv im Dienst steht. Ganz etwas anderes ist es, den selben strahlenden Glauben und das gleiche fröhliche Vertrauen in die Güte und Weisheit Gottes zu haben, wenn die Gesundheit schlechter wird und man keine aktive Rolle im Leben mehr spielen kann.
>
> Die zehn Monate der durch seine Krankheit bedingten Untätigkeit waren ein völlig neues Erleben für meinen Vater, aber er zeigte nie die leiseste Ungeduld, obwohl es oft für Ungeduld und Entmutigung genug Anlaß gegeben hätte. Sein wundervolles Lächeln blieb erhalten, sein Optimismus versiegte nie, sein Glaube und die frohe Annahme des Willens Gottes wurden immer deutlicher. Er widmete sich fast ununterbrochen dem Bibellesen und dem Gebet, und schon seine einfache Anwesenheit war ein Segen.[1]

O Tod, wo ist dein Stachel nun?
Wo ist dein Sieg, o Grab?
O Totenreich, wo deine Macht,
die böses Schicksal gab?

Ich fürchte mich nicht mehr vor dir;
denn wer Gott heilig ist,
wenn er durch deine Tore geht,
des Retters Sieg ermißt,
der spricht: »Ich lebe immerdar.«
Der Tod hat keine Macht.
Wer auf die andre Seite tritt,
sieht seines Königs Pracht.

M.S.C.

**Anmerkungen**

[1] Reuben A. Torrey, Jr., Dr. Torrey in his Home, Moody Monthly, Oktober 1939, S. 69.

## DAS BESTE KOMMT NOCH!

Wenn ein Christ alt wird, sollte seine Einstellung die der Erwartung sein. Wir sollten den Optimismus teilen, den Rob. Browning in seinem Stück *Rabbi Ben Ezra* zum Ausdruck bringt.

O werde mit mir alt!
Das Schönste kommt dann bald,
das Letzte im Leben, wofür das Erste gemacht.
Zeit ist in dessen Hand,
der spricht: »Ich hab's geplant«.
Die Jugend ist nur Teil
von dem, was Gott dir gibt.
Trau ihm zu deinem Heil.

Es ist die völlig biblische und christliche Überzeugung, daß für den gehorsamen Jünger »das Beste noch kommt«. Die Möglichkeiten Gottes, und auch die unseres Lebens, haben wir noch längst nicht erschöpft. Diese Wahrheit zeigt sich beispielhaft im Leben der Männer und Frauen des Glaubens, die in Gottes Ehrentafeln festgehalten sind:

> »Diese alle starben im Glauben, erlangten aber das Verheißene nicht, sondern sahen es nur von ferne, grüßten es und bekannten, daß sie Gäste und Fremdlinge auf Erden waren. Wenn sie aber so sprechen, geben sie zu verstehen, daß sie ein Vaterland suchen... *Nun aber sehnen sie sich nach einem besseren Vaterland, nämlich dem himmlischen«* (Hebr 11,13-16).

Wir haben allen Grund, uns mit froher Erwartung auf das Ende dieser Weltzeit zu freuen, wenn der Herr wiederkommt, oder, und dafür gilt die Freude genauso, auf unseren Eintritt durch die Tore unserer himmlischen Heimat, wenn wir sterben.

Bei Christus zu sein ist besser als alles, was wir kennen oder uns vorstellen können.

Für den Gläubigen wird die Wiederkunft des Herrn der Beginn der himmlischen Herrlichkeit sein. Jesus sagte: »Ich gehe ja hin, um die Stätte für euch bereitzumachen. Wenn ich nun hingehe und die Stätte für euch bereitmache, will ich wiederkommen und euch zu mir nehmen, damit ihr seid, wo ich bin« (Joh 14,2-3).

Es gibt keinen Grund, warum die letzten Jahre unseres Lebens nicht erhellt und erwärmt werden sollen durch das Nachdenken über das unvorstellbare Glück, das die Braut Christi im Himmel erwartet.

Es ist eigenartig: Vieles, was wir über unsere himmlische Heimat wissen, ist negativ. Es ist viel mehr bekannt über das, was es in unseres Vaters Haus nicht gibt, als über das, was es dort gibt. Ganz besonders fällt auf, daß die Dinge, die uns im Alter in unserer irdischen Umgebung am meisten Schmerz und Not bereiten, dort fehlen.

Das Wort »Himmel« bedeutet einfach: »Das, was oben ist.« Es wird in der Schrift in dreifachem Sinn gebraucht: Wir lesen vom Lufthimmel, vom Sternenhimmel und von dem Himmel, der der Ort des dreieinigen Gottes ist. »Des Herrn Thron ist im Himmel« (Ps 11,4). Für den Christen ist also der Himmel da, wo Gott ist. Es ist ein Zuhause, das der Herr extra für seine Braut vorbereitet — nicht Unterkünfte für Dienstboten, sondern ein Brautgemach!

## Was es im Himmel nicht gibt

Wir wollen zuerst feststellen, *was es im Himmel nicht gibt*. Wenn unser Herr dieses neue Zuhause vorbereitet, hält er alles fern, was unsere Freude trüben könnte.

Im Himmel wird es *keine Tränen* mehr geben, denn »Gott wird abwischen alle Tränen von ihren Augen« (Offb 21,4). Er wird das himmlische Taschentuch nehmen und die Tränen abwischen, die wir wegen Sünde und Versagen geweint haben, aber auch die, die wir aus Schmerz, Sorge und Trauer weinten.

*Der Tod ist für immer verbannt.* »Und der Tod wird nicht mehr sein« (Offb 21,4). Der »König der Schrecken«, der »letzte Feind« wird niemals durch die Perlentore eindringen. Durch seinen Tod und seine Auferstehung nahm Jesus dem Tod den Stachel, und dann endlich wird er aus dem Universum verbannt sein.

*Trauer wird der Vergangenheit angehören.* Die Verwüstungen der Sünde und die Bitterkeit schwerer Verluste bringen uns hier zum Trauern; aber dort wird kein »Leid noch Geschrei noch Schmerz mehr sein« (Offb 21,4).

Wenn wir alt werden, haben wir Angst vor den Schmerzen, die so viele ertragen müssen. Das Schlimmste bei einer Krankheit sind die Schmerzen, die sie begleiten. Aber im Himmel *wird kein Schmerz mehr sein* (Offb 21,4). Und auch für schmerzstillende Mittel, die für so viele leidende Menschen ein Segen sind, wird es dort keinen Markt mehr geben.

*Kein Mensch wird im Himmel jemals aufs Krankenlager geworfen werden.* »Und er zeigte mir den Strom des Lebenswassers, klar wie Kristall... zu beiden Seiten des Stromes wachsen Bäume des Lebens... und die Blätter der Bäume dienen zur Heilung der Völker« (Offb 22,1-2).

*Die Hungerprobleme der Welt werden gelöst sein*, denn »sie werden nie mehr Hunger und Durst haben« (Offb 7,16).

Was für ein Segen ist doch für Menschen, Tiere und Pflanzen die Nacht. Aber im Himmel »wird es keine Nacht mehr geben« (Offb 22,5). Warum wird das fehlen, was wir hier so dringend brauchen, um neue Kraft zu gewinnen? Weil im Himmel unsere verwandelten Körper sich nicht mehr werden erholen müssen, denn sie werden Müdigkeit und Erschöpfung nicht kennen. Unser Leib wird seinem verherrlichten Leib gleich sein (Phil 3,21).

Auch große Kirchenbauten wird es nicht mehr geben, denn Johannes sagt: *»Ich sah keinen Tempel in der Stadt;* denn der Herr, der allmächtige Gott, ist der Tempel, er und das Lamm«

(Offb 21,22). Wir werden in der unmittelbaren Gegenwart Gottes leben.

Die Bibel endet da, wo sie begann, aber *der Fluch* ist abgeschafft. »Es wird nichts mehr geben, das unter dem Bannfluch steht« (Offb 22,3). Durch das Kreuz ist der Fluch beseitigt, ewige Glückseligkeit ist an seine Stelle getreten.

Unser himmlisches Zuhause kann aber in mancher Hinsicht auch positiv beschrieben werden. Dabei geht es nicht nur um goldene Gassen und um Tore aus Perlen, sondern um geistliche Dinge von ewigem Wert.

*Herrlichkeit:* »Ich will, daß, wo ich bin, auch die bei mir sind, die du mir gegeben hast, damit sie meine Herrlichkeit sehen« (Joh 17,24). »Die Stadt braucht weder Sonne noch Mond, damit es hell in ihr wird; denn die Herrlichkeit Gottes erleuchtet sie, und ihr Licht ist das Lamm« (Offb 21,23).

*Heiligkeit:* »So spricht der Hohe und Erhabene... Ich wohne in der Höhe und im Heiligtum« (Jes 57,15). »Aber nichts Unreines wird hineinkommen und keiner, der mit Greueltat und Lüge umgeht, sondern nur, wer im Lebensbuch des Lammes geschrieben steht« (Offb 21,27).

*Schönheit:* »Aus Zion bricht an der schöne Glanz Gottes« (Ps 50,2). Im Himmel wird jedes Streben nach Schönheit seine Erfüllung finden.

*Licht:* »Sie brauchen keine Lampen und kein Sonnenlicht mehr; denn Gott, der Herr, wird sie erleuchten« (Offb 22,5).

*Einheit:* Im Himmel wird das Gebet, das der Herr im Obergemach betete, voll erhört sein: »Ich bitte aber nicht nur für sie, sondern auch für die, die durch ihr Wort an mich glauben werden... damit sie eins sind, so wie wir eins sind« (Joh 17,20-22). Wir werden dort in einer Einheit und Harmonie leben, die der zwischen den Personen der Gottheit ähnlich ist.

*Vollkommenheit:* »Wenn aber kommen wird das Vollkommene, so wird das Stückwerk aufhören« (1. Kor 13,10). Im Himmel werden wir zur vollen Reife gelangen. »Wenn es offenbar wird, werden wir ihm gleich sein; denn wir werden ihn sehen, wie er ist« (1. Joh 3,2).

*Freude:* »Vor dir ist Freude die Fülle und Wonne zu deiner Rechten ewiglich« (Ps 16,11).

*Zufriedenheit:* »Ich aber will schauen dein Antlitz in Gerechtigkeit, ich will satt werden, wenn ich erwache, an deinem Bilde« (Ps 17,15).

## Was wir im Himmel tun werden

Wenige haben eine klare Vorstellung, womit wir uns im Himmel beschäftigen werden. In diesem Bereich ist uns vieles nicht offenbart, aber von folgenden Tätigkeiten neben anderen wissen wir:

*Gottesdienst und Anbetung:* Es wird uns eine hohe Freude sein, anzubeten mit den vierundzwanzig Ältesten, den Repräsentanten der ganzen erlösten Menschheit, die sich niederwerfen vor dem, »der auf dem Throne saß, und beteten den an, der von Ewigkeit zu Ewigkeit lebt, und legten ihre Kronen vor dem Thron nieder« (Offb 4,10).

Die *Musik* spielt in den Bildern, die den Himmel beschreiben, eine große Rolle, so wie sie es auch in der Stiftshütte und im Tempel tat und noch heute in der Kirche tut. Im Tempel taten 288 Musiker ihren Dienst (1. Chr 25,1-8). Sowohl Instrumental- als auch Vokalmusik tragen zur Glückseligkeit des Himmels bei (Offb 5,8-9). Wenn irdische Chöre und Orchester uns schon zu solchen Höhen der Freude und des Gotteslobes emporheben können, wie muß dann erst die himmlische Musik sein?

*Gemeinschaft:* Es wird Zeit und Gelegenheit geben, neue Freundschaften mit Heiligen aller Zeitalter zu schließen.

*Dienst:* »Darum stehen sie vor dem Thron Gottes und dienen ihm Tag und Nacht in seinem Tempel« (Offb 7,15). »Und seine Knechte werden ihm dienen« (Offb 22,3) — aber sie werden ihm dienen mit Körpern, die keinen Begrenzungen mehr unterworfen sind. Himmel ist mehr als Ausruhen und selige Gottesschau. Unser Herr machte deutlich, daß es im Himmel für seine Diener unterschiedliche Grade der Verantwortung als Belohnung für treue Dienste auf Erden gibt. »Und er sagte zu ihm.... weil du im Kleinen treu gewesen bist, sollst du Herr über zehn Städte sein« (Lk 19,17).

*Wiedersehen mit unseren Lieben.* Wenn wir einander im Himmel nicht erkennen würden, dann wäre Himmel ein Rückschritt. Dort werden wir mehr erkennen, nicht weniger. In der Schrift gibt es keinen Hinweis, daß irgendwelche Beziehungen unseres geistlichen Lebens zerstört werden. Maria im Garten und die Jünger auf dem Weg nach Emmaus erkannten den auferstandenen Christus. Petrus, Jakobus und Johannes trafen Mose und Elia. *Eheliche Beziehungen* sind im Himmel nicht so wie auf Erden (Lk 20,35-36), denn dort gibt es keinen Tod, und deswegen braucht es auch keine Fortpflanzung mehr. Alle werden unsterblich sein.

> Unsere Beschäftigung im Himmel wird für alle Ewigkeit die Teilhabe an der Erkenntnis des in alle Tiefen reichenden Einsseins von Vater, Sohn und Heiligem Geist sein. Dies macht uns auch fähig, unseren Mitmenschen im Himmel auf tiefgehendere Weise zu begegnen. Für den alternden Menschen wäre es eine ideale Vorbereitung für seine Zukunft in der Ewigkeit, zu versuchen, sich gründlich in diese vollkommene Beziehung der Liebe innerhalb der Dreieinigkeit zu vertiefen.[1]

**Anmerkungen**

[1] Alfons Decken, Growing Old, Paulist, New York 1972, S.98.

Für den alternden Christen gibt es keine biblische Gestalt, die anregender, ermutigender und auch herausfordernder ist als Kaleb, der Sohn Jefunnes. Auf jeder Lebensstufe zeigte er die Stärke, Schönheit und Ganzheit eines von Gott beherrschten Daseins. Als der englische Dichter Tennyson sein Gedicht *Die Eiche* schrieb, mag er sehr wohl an Kaleb gedacht haben.

Leb dein Leben,
Jugend und Alter,
wie eine Eiche,
leuchtend im Frühling
wie lebendes Gold.

Sommer kommt,
vergeht, und dann
der Herbst, bescheidener
und stiller. Doch
wieder ist's Gold.

All ihre Blätter
sind dann gefallen.
Der Stamm und die Äste,
schau, wie sie stehen,
in Stärke und Kraft.

Kaleb war sicherlich ein würdiges Gegenstück zu John Bunyans »Großherz«, denn er lebte gemäß dem Ideal, das der Name setzte (Kaleb = der Bissige, der Abwehrende).

In seinen jungen Jahren erwies Kaleb sich als ein Mann von hervorragendem *moralischem und geistigem Mut*. Er hatte den Mut, die Sache der Minderheit zu vertreten, und er nahm auch, als die Steine zu fliegen begannen, kein Wort zurück (4. Mose 14,10).

Er war auch ein Mann *ungebeugten Glaubens* in einer Zeit, die von Unglauben beherrscht wurde. Als zehn Spione ihren entmutigenden und pessimistischen Bericht über das verheißene Land gegeben hatten, war es Kaleb, der die Leute beruhigte und der Niedergeschlagenheit seinen unbesiegbaren Glauben entgegensetzte. »Laßt uns hinaufziehen und das Land einnehmen, denn wir können es überwältigen« (4. Mose 13,30).

Leider brachte auch dieses eindrucksvolle Zusammentreffen von Glaube und Mut das Volk zu keiner positiven Reaktion. Aber Kaleb bestand diese Auseinandersetzung jedenfalls, ohne die Fahne zu senken.

Für die Lebensmitte kann man sich kaum eine niederdrückendere Umgebung vorstellen als die, zu der Israels Unglaube und Versagen Kaleb verurteilt hatten. Wenige mußten mit so einem harten und bittermachenden Los fertigwerden — die vierzig besten Jahre seines Lebens mußte er mit sinnlosen Wüstenwanderungen verbringen. Als Folge ihrer Rebellion hatte Gott gesagt, daß die ganze treulose Generation — außer Kaleb und Josua — in der Wüste sterben würde. Die vierzig Jahre in der Wüste waren also im Grunde eine lang andauernde Beerdigung. Kaleb erlebte mit, wie einer nach dem anderen aus seiner Generation in dieser niederdrückenden Situation starb, aber auch hier zeigte er, was er geistlich wert war.

In der Lebensmitte kommt es oft zu einem Verlust geistlichen Eifers, und das geistliche Leben wird schal und blutleer. An Stelle der glühenden Christusliebe der Jugendjahre tritt langweiliges Pflichtgefühl. Die Versuchung, in Sachen Selbstdisziplin schlaff zu werden und geringere Ziele als die ursprünglichen Ideale zu akzeptieren, ist nur zu groß, und so beginnt ein unmerklicher Prozeß geistlichen Niedergangs.

Aber Kalebs geistliche Qualität nahm auf dieser Lebensstufe eben nicht ab, er bewahrte seine geistliche Unversehrtheit, und am Ende der mühsamen Jahre stand er kraftvoll und leuchtend im Glauben da.

Hoch wie ein Adler war er in seiner Jugend geflogen, und in der mittleren Lebensstufe hatte er es geschafft, zu laufen, ohne zu ermüden. Aber würde er jetzt im Alter fähig sein, zu wandern ohne schwach zu werden? Aber im Alter erreichte er seinen größten Sieg.

Kaleb bewies, daß es möglich ist, das, was man oft als die Tragik des Alters ansieht, in herrlichen Triumph zu verwandeln. Im Alter von 85 Jahren zeigte er, wie jung und zu Abenteuern bereit sein Geist geblieben war. Wer mit 40 ein Held ist, ist auch ein Held, wenn er 85 ist. Für ihn bedeutete das hohe Alter nicht Senilität, sondern Angriff und Erfolg. Als die meisten seiner jüngeren Zeitgenossen nur an Ruhestand von Pensionierung und Freizeit dachten, plante er neue und viel Engagement fordernde Abenteuer, vor denen manche jüngere Menschen zurückgeschreckt wären. Er besaß immer noch die Stärke und Männlichkeit der Jugend.

Allerdings hatte er den großen Vorteil einer kraftvollen Gesundheit. »Und ich bin noch heute so stark, wie ich war an dem Tage, da mich Mose aussandte. Wie meine Kraft damals war, so ist sie noch jetzt, zu kämpfen und aus- und einzuziehen« (Jos 14,11). Den meisten alten Leuten wird dieses Vorrecht nicht gewährt, aber Kalebs robuste Gesundheit ist ein Zeichen seiner lebenslangen Selbstdisziplin.

Daß die Erfüllung des Versprechens, das Gott Kaleb gegeben hatte, sich verzögerte, konnte sein Vertrauen nicht zerstören und seinen Schwung nicht dämpfen. Sein Sieg war kein Sieg körperlicher Kraft, obwohl auch das dazugehörte. Sein Sieg war zuallererst der Sieg seines Optimismus und seiner Entschlossenheit, sich nicht unterkriegen zu lassen. Selbst im hohen Alter blieb er geistlich kühn. Sein Ehrgeiz war es, die Feinde Gottes auszurotten und ihr Land unter seine Herrschaft zu bringen.

## Kühnheit im hohen Alter

Josua war dabei, das Land an das Volk Israel zu verteilen (Jos 14,6-15). Als Kaleb an die Reihe kam, zeigte der Wunsch, den er aussprach, von welchem Format der Mann war:

»So gib mir nun dies Gebirge, von dem der Herr geredet hat an jenem Tage, daß dort die Enakiter wohnen und große und feste Städte sind. Vielleicht wird der Herr mit mir sein, damit ich sie vertreibe, wie der Herr zugesagt hat« (Jos 14,12).

Keine fruchtbare Flußebene für Kaleb! Er wählte die schwierigste Aufgabe von allen — das zerklüftete Bergland, wo die drei unbesiegbaren Riesen wohnten. Das war seine ehrgeizige Bitte, und gerne nahm er die Herausforderung an, die sich ihm stellte. Er verließ sich darauf, daß Gott ihm den Sieg über die Feinde seines Volkes geben würde.

Kaleb ist der einzige, von dem berichtet wird, daß er das ihm zugeteilte Gebiet völlig unterwarf und die Feinde restlos vertrieb. *So waren seine letzten Jahre die besten,* der Höhepunkt und die Krönung all dessen, was vorher gewesen war.

Was für ein Vorbild, dem wir alten Leute nach unserem Vermögen nacheifern können! Wir mögen nicht so gesund und so kräftig sein, aber diesbezüglich dürfen wir uns daran erinnern, daß sein Sieg zuerst ein geistlicher Sieg des Gottvertrauens war. Ein ähnlicher Triumph über widrige Lebensumstände und eine ähnliche Leistung für das Reich Gottes ist auch für uns möglich.

Kaleb war mit nicht weniger als dem Besten zufrieden, was Gott zu bieten hatte — und er erhielt es auch. Haben wir alten Leute unsere Angriffigkeit verloren? Fürchten wir uns vor der Härte des geistlichen Kampfes? Laßt uns die Pantoffeln aus- und die Bergstiefel anziehen, und bitten wir Gott, daß er uns in unserem Alter noch einen richtig drohenden Berg zu bezwingen gibt!

O höchster Gott,
ich will dein zufriedener Bergsteiger sein.
Meine emporklimmende Seele soll die Härte nicht scheun.
O du mein Herr,
kreuzige du, sei's auf Felsen, Eis und Schnee,
die Weichheit, die mich hinabzieht zu den niedrigen Dingen.

Amy W. Carmichael

## WEITERE BÜCHER VOM GLEICHEN AUTOR:

**Menschen wie du und ich**
*Zwanzig Kurzbiographien biblischer Personen*
TELOS-Paperback Nr. 1166, 196 Seiten
Die biblischen Biographien dieses Buches schildern Menschen in der Bibel mit all ihren »Narben und Runzeln«. Es berichtet von Sara, die gerne lachte, von Isaak, der Tafelfreuden liebte, vom leidgeprüften Hiob, von Jephta, dem »Robin Hood des Ostens« und v.a.m. Aus Versagen und Erfolg dieser Männer und Frauen können wir wertvolle geistliche Erfahrungen schöpfen.

**Männer des Glaubens**
*Biblische Lebensbilder*
EDITION C Nr. C 186, Ppb., 140 Seiten
Diese exemplarischen Lebensbilder geben einen hilfreichen Einblick in die Grundlinien christlichen Lebens und Dienstes. Vorgestellt werden David, Elia, Jesaja, Jeremia, Daniel, Johannes der Täufer, Petrus und Paulus. In den Lebensführungen dieser Menschen finden wir Anregung und Ermutigung für unser eigenes Leben. Deren Niederlagen und Ungehorsam, wie auch ihre Siege im Glauben sind lebhafte Beispiele. Viele Christen lernen mehr durch Beschäftigung mit Lebensbildern als mit Lehrsätzen.

**Von der Freude des vertrauten Umgangs mit Gott**
EDITION C Nr. C 205, Ppb., 160 Seiten
J. Oswald Sanders vermittelt in einer neuen, erfrischenden Art und Weise die Jahrhunderte alte Botschaft, wie man sich einer vertrauten Gemeinschaft mit Gott erfreuen kann. In unserem Glaubensleben und Dienst entspringt alles unserer Beziehung zu Gott. Sanders sagt, daß die Perspektive unseres gesamten Handelns nicht stimmt, wenn diese Beziehung nicht in Ordnung ist und wir keine lebendige Gemeinschaft mit Gott haben.

*H. Norman Wright*
**Streß – Ausgebranntsein – Depression**
*Ursachen und Umgang*
TELOS-Paperback Nr. 1327, 138 Seiten
Streß – Ausgebranntsein – Depression: das sind Warnsignale in Ihrem Leben, Zeichen, daß sich etwas ändern sollte. Der Autor Norman Wright zeigt in diesem Buch auf, was diese Zustände verursacht, was ihre Symptome sind und wie man dagegen angehen kann.

*Tim LaHaye*
**Kennen sie Ihren Mann?**
*Glücklichere Partnerschaft – besseres Verstehen – vertiefte Menschenkenntnis: eine Lektüre für Mann und Frau*
TELOS-Paperback Nr. 1168, 268 Seiten
Es ist heutzutage härter denn je, ein Mann zu sein. Die Anforderungen im Beruf steigen, der Streß nimmt zu. Der Mann ist zudem in seiner Rolle verunsichert. Er ist längst nicht mehr der starke Held, gegen den die Frauenorganisationen ankämpften. Er braucht die Frau, die ihm menschlich entgegenkommt, ihn aus seiner Isolation herausholt.

*Walter Köhler*
**Liebe in der Ehe – gestaltbares Glück**
EDITION C Reihe T Nr. T 215, Tabu, 64 Seiten
In unaufdringlicher Weise zeigt der Autor, wie wichtig Zärtlichkeit als »Grundnahrungsmittel« für die Seele ist, wie wir von unserem Ich-Prinzip zum Wir-Bewußtsein kommen und unsere Ehe ein harmonisches Miteinander statt Nebeneinander werden kann. Der Autor wurde auch durch das Buch »Intim vor der Ehe?« bekannt. »Liebe in der Ehe« ist eine weiterführende, selbständige Fortsetzung.